A CRISE DOS PARADIGMAS E A EDUCAÇÃO

Questões da Nossa Época

Volume 21

Dados Internacionais de Catalogação na Publicação (CIP)
(Câmara Brasileira do Livro , SP, Brasil)

A crise dos paradigmas e a educação / Zaia Brandão , (org.).
-- 11. ed. -- São Paulo : Cortez, 2010. -- (Coleção questões da nossa época ; v. 21)

Vários autores
ISBN 978-85-249-1655-7

1. Educação - Filosofia 2. Paradigmas (Ciências sociais) I. Brandão, Zaia. II. Série.

10-09747 CDD-370.1

Índices para catálogo sistemático:

1. Paradigmas : Educação 370.1

Zaia Brandão (Org.)

Alícia Catalano de Bonamino • Ana Waleska Pollo Campos Mendonça • Carlos Alberto Plastino • Danilo Marcondes • Maria Apparecida C. Mamede-Neves • Pedro Benjamim Garcia • Tania Dauster

A CRISE DOS PARADIGMAS E A EDUCAÇÃO

11ª edição

CORTEZ EDITORA

A CRISE DOS PARADIGMAS E A EDUCAÇÃO
Zaia Brandão (Org.)

Capa: aeroestúdio
Preparação de originais: Solange Martins
Revisão: Maria de Lourdes de Almeida
Composição: Linea Editora Ltda.
Coordenação editorial: Danilo A. Q. Morales

Direitos para esta edição
CORTEZ EDITORA
Rua Monte Alegre, 1074 – Perdizes
05014-001 – São Paulo - SP
Tel.: (11) 3864-0111 Fax: (11) 3864-4290
E-mail: cortez@cortezeditora.com.br
www.cortezeditora.com.br

Impresso no Brasil – outubro de 2010

Sumário

Apresentação à 11ª edição

Quase duas décadas se passaram desde o seminário que organizei na Pontifícia Universidade Católica do Rio de Janeiro, para o debate sobre o impacto das discussões sobre paradigmas na área da Educação, que resultou neste livro. Vínhamos de um tempo em que a disputa entre perspectivas teóricas mais adequadas à abordagem das questões da Educação, em suas pretensões hegemônicas, dividiam os acadêmicos entre *progressistas* e *conservadores*. A adesão a um ou outro paradigma, no entanto, se dava mais por impulsos ideológicos do que por convicções teórico-metodológicas. A consequência mais comum era uma produção de dissertações e teses, fortemente politizada e bastante fragilizada em termos de consistência, no campo da pesquisa.

O debate que se desenvolveu, então, foi muito importante no sentido de proporcionar algumas reflexões que propiciavam um certo "desencantamento teórico", e uma possibilidade de lidar de forma mais produtiva com as incertezas no campo da pesquisa. Descartava-se assim a procura da "boa" e "definitiva" teoria.

A estrutura das revoluções científicas, de Thomas Kuhn — publicado pela primeira vez em 1962 pela Editora da Universidade de Chicago — foi um marco na história das

Ciências e no campo epistemológico. Ao avaliar a história das Ciências como o resultado de um movimento constante de uso e substituição de paradigmas — modelos explicativos dominantes, em certas épocas, nos campos disciplinares — Kuhn inaugurava uma visão de Ciência menos definitiva, embora sem negar o valor (provisório) dos paradigmas com os quais se produzia conhecimento na Biologia, Física e demais Ciências "naturais".

Este debate não encontrava muito eco no campo da Educação ao início da década de 1990, o que nos motivou a organizar o debate. O livro que resultou daí encontrou muito boa acolhida na área, certamente pela importância do debate para a formação das jovens gerações de pesquisadores.

Hoje vivemos um tempo em que, apesar de uma certa relativização derivada do reconhecimento de que a complexidade dos fenômenos com que se defrontam os educadores não comporta olhares (teorias, paradigmas) definitivos, ainda há uma certa ilusão a respeito da "boa teoria". Ou seja, ainda há aqueles que estão à procura de um paradigma onde possam ancorar suas certezas.

Convicta que estou de que o melhor recurso para o progresso do conhecimento é a permanente indagação, a capacidade de pôr em dúvida as convicções e certezas — e a busca de novos enfoques e possibilidades de investigação — acredito que o debate desenvolvido pelo conjunto de autores deste pequeno livro ainda merece ser visitado pelos que se interessam pela Educação. É, pois, com satisfação que apresento a nova edição aos nossos leitores.

Zaia Brandão

Agosto de 2010

Apresentação

Em março de 1993, o Departamento de Educação da Pontifícia Universidade Católica do Rio de Janeiro (PUC-RJ) inaugurou o seu ano letivo com o seminário *A crise dos paradigmas e a educação*. Os textos a seguir serviram de base ao debate que reuniu especialistas das áreas de Ciências Humanas e Sociais e os profissionais da Educação para uma reflexão sobre as características e implicações da crise dos paradigmas no campo da Educação e na construção do conhecimento.

O debate permitiu focalizar as diferentes óticas de avaliação do tema da crise dos paradigmas e seus efeitos sobre o campo da Educação. Possibilitou, ainda, reavaliar o significado pedagógico da crise de um modelo de Ciência fundado nos conceitos de causalidade e determinação, e fecundado na ideia de *verdade* científica. O abalo das certezas (antes tão procuradas pelos que pretendiam fazer Ciência), a flexibilização das fronteiras entre as diferentes tradições científicas, bem como a desconfiança das grandes teorias com pretensão à perenidade explicativa são apenas algumas das características de um momento que vem sendo tipificado como aquele da crise dos paradigmas.

Já há alguns anos, nossos docentes e discentes vêm se detendo sobre as várias tradições disciplinares, tentando focalizar as tensões e desdobramentos das mudanças na forma de pensar e construir conhecimentos, em cada uma dessas tradições. Isto se pode perceber nas teses e pesquisas que temos produzido, no âmbito da Antropologia, História, Psicologia, Ecologia etc.

O seminário sobre paradigmas expressa, portanto, um dos eixos do nosso programa de pós-graduação: o permanente diálogo com as várias tradições disciplinares que subsidiam a reflexão sobre as questões da Educação. Apresentamos, a seguir, uma síntese das diferentes abordagens, a partir dos autores que contribuíram para este seminário.

Danilo Marcondes situa o leitor na questão da crise dos paradigmas. Partindo das definições possíveis de paradigma, conduz a um entendimento das relações entre a Modernidade e as transformações no processo de produção do conhecimento científico. O autor desenvolve uma sintética — porém rigorosa — incursão pela História da Ciência, para localizar algumas das transformações paradigmáticas que, além de extrapolarem o âmbito da mudança teórica *tout court*, significaram importantes variações na concepção mesma das relações *sujeito/objeto*, no processo de produção do conhecimento científico. Segundo o autor, "a crise do paradigma da Modernidade" de certa forma encaminhou a "crise da própria necessidade, e possibilidade, de um paradigma hegemônico".

Carlos Alberto Plastino amplia o debate, ao focalizar o que caracterizou como "crise do conceito de paradigma". A superação do paradigma da Ciência moderna é para ele a questão nuclear, pois permitiu "questionar a especialização das disciplinas científicas e sua autonomia a respeito do que pode ser denominado o contexto global de sua produção, isto é, a problemática social econômica, política e cultural das sociedades nas quais esta produção se realiza". Essa problematização do conceito de paradigma exige o confronto com a questão ética, normalmente tão secundarizada nos fóruns de debates científicos.

Na perspectiva da Física moderna, disciplina hegemônica na constituição da Ciência moderna, o mundo natural era apreendido como uma ordem, e suas transformações derivavam das leis naturais que regiam essa mesma ordem. Nesta perspectiva, o futuro estava contido no presente. Esta racionalidade fechada, hoje superada pela Física e pelas Ciências da natureza, possibilitou o surgimento de um outro parâmetro de racionalidade, onde conhecimentos parciais de um universo em aberto abrem espaço para uma outra visão de verdade e ética científicas. O autor explora o tema no âmbito das Ciências Sociais, evidenciando as limitações de dois dos principais paradigmas nesta área: o liberal e o marxista. Esta é a primeira vez que o autor — sem negar a pertinência de muitas das análises da economia e da sociedade capitalista, desenvolvidas dentro do paradigma marxista — tece uma segura e criteriosa análise dos limites derivados da pretensão de construção de um sistema teórico de validade universal.

Segundo o autor, "a crise não deriva da inadequação dos paradigmas a uma realidade, mas de sua incompatibilidade com as nossas escolhas éticas". A questão não é a renúncia da racionalidade, como parecem crer certos autores ao refletir sobre as "exigências da condição pós-moderna", mas entender que "a racionalidade a ser construída passa necessariamente pelo crivo de nossas opções éticas".

Maria Apparecida Mamede-Neves, a seguir, propõe uma análise das consequências da crise à luz da Psicologia e da Educação. O "grande vazio" provocado pela ausência de referências no plano do conhecimento confronta o homem não só com o problema da verdade, mas com o próprio processo de substituição das verdades que anteriormente lhe conferiam um sentimento de segurança. A nova situação, segundo a autora, reativaria alguns dos "medos básicos" do homem: o do retorno ao estado de indiscriminação do início da vida, o medo do novo e o medo da perda do já estabelecido, que lhe garantia a segurança do saber. O sentimento de angústia, ativado por esses medos, o estimularia a tentar superar a crise de duas maneiras — pela fundamentação epistemológica ou pelo recurso à autoridade de um suposto "dono do saber" — ambas insuficientes para a superação da atual crise.

Uma terceira via é então explorada pela autora, que considera três categorias da Psicanálise — identificação, projeção e transferência — para o entendimento do processo de construção do conhecimento. Mamede destaca, por fim, a contribuição da Psicologia e da Psicanálise ao campo da Educação. Sugere um reexame da díade professor/aluno, em que a própria crise dos paradigmas seria um estímulo à superação da cisão entre os que sabem e os que não sabem, que tantas dificuldades já criou ao processo de ensino/aprendizagem.

Pedro Garcia, diante do cenário do pós-modernismo, questiona a situação de certezas anterior à crise dos paradigmas: seria ela melhor do que a maré de incertezas em que o homem contemporâneo se vê mergulhado? "Perda ou liberação?" é a pergunta com que convida o leitor a uma instigante reflexão sobre os desdobramentos da crise no campo da Educação, que ele considera uma crise de paradigmas. O autor pende claramente para a aposta no caráter liberador deste momento, em que a ausência de amarras ideológicas imprime um sentido de aventura à permanente necessidade de descobrir e redescobrir os significados do mundo que nos cerca.

Focalizando diretamente a Educação neste cenário de final de século, Pedro Garcia desvela a face inexoravelmente ética do projeto humano de construir alternativas para uma sobrevivência necessariamente fraterna.

Ressaltando a pluralidade dos caminhos, indica o significado político da negociação e reafirma um dos desafios da Educação: "[...] trata-se de CONSTRUIR, através de processos educativos, e *neles mesmos*, formas solidárias, igualitárias e plurais de convivência entre os homens".

Ana Waleska Pollo Campos Mendonça toma o campo da História da Educação para desenvolver uma reflexão sobre as consequências, entre nós, do isolamento a que uma "óptica estreita e corporativa" teria levado o campo da Educação.

Para a autora, a recente aproximação da História da Educação a algumas vertentes da "nova História" ensejou uma fecunda ampliação do seu objeto de estudo, assim como a "passagem de uma História meramente factual e descritiva para uma História fundamentalmente interpretativa".

Assinalando os aspectos indesejáveis de se trabalhar a História da Educação de forma marcadamente explicativa, a autora sublinha a necessidade de uma perspectiva menos afirmativa do uso da teoria e do próprio corpo documental.

Tania Dauster oferece ao leitor uma interessante oportunidade de pensar a crise dos paradigmas na junção de dois campos disciplinares: o da Antropologia e o da Educação. E o faz com a segurança de quem vem, há alguns anos, trabalhando sistematicamente nas interfaces das duas tradições.

Problematiza a autora, instigantemente, sobre a aproximação de educadores e antropólogos, para sugerir que, sem perder a identidade de educador, este só teria a lucrar com a utilização do artefato antropológico na compreensão de sua prática educativa.

O tema do relativismo é destacado, na riqueza do debate que a crise dos paradigmas trouxe para o eixo da prática antropológica. É na articulação com o campo da Educação que a autora reafirma a importância do relativismo, ao mesmo tempo em que aponta para a sua própria relativização, ao enfatizar a tensão permanente entre o singular e o universal, que deve presidir o trabalho, quer do antropólogo, quer do educador.

Esse conjunto de textos do seminário permitirá ao leitor, portanto, aquilatar melhor os desafios que o programa de pós-graduação do Departamento de Educação da PUC-RJ vem enfrentando nos últimos anos, no projeto de retraduzir as implicações das transformações no campo da Educação. Ressaltamos aqui o caráter preliminar deste volume, que tem como objetivo apenas levantar algumas hipóteses que possam motivar, entre nós, o aprofundamento das reflexões no âmbito epistemológico.

Em um Posfácio, Alícia Catalano de Bonamino e eu elaboramos uma reflexão sobre os desdobramentos dos debates em torno da crise *dos* e *de* paradigmas, para se pensar a identidade do campo educacional enquanto produtor de conhecimento.

Acrescente-se ainda que a edição final deste volume tornou-se possível graças à preciosa ajuda da professora Yara Wall, por seu empenho em reunir os textos originais para posterior organização.

Zaia Brandão

Rio de Janeiro, dezembro de 1993

A crise de paradigmas e o surgimento da modernidade

*Danilo Marcondes**

Do ponto de vista filosófico, a noção de paradigma pode ser entendida tanto segundo uma acepção clássica, como em Platão, quanto segundo uma acepção contemporânea, a partir de Thomas Kuhn (1962).

Na visão platônica, um paradigma é um modelo, um tipo exemplar, que se encontra em um mundo abstrato, e do qual existem instâncias, como cópias imperfeitas, em nosso mundo concreto. A noção de paradigma deve ser assim entendida como uma das versões da teoria platônica das Formas ou Ideias,[1] e tem, portanto, um sentido ontológico forte, designando aquilo que é real, o ser enquanto causa, determinante do que existe no mundo concreto, dele

* Professor do Departamento de Filosofia, PUC-RJ.

1. Sobretudo na *República*, em várias passagens, mas também em outros diálogos como o *Político* e o *Timeu*.

derivado. Isso dá ao paradigma um caráter normativo, que será importante na acepção contemporânea.

Kuhn introduz o termo paradigma em sua obra *A estrutura das revoluções científicas*. Segundo Kuhn, este termo:

> [...] de um lado indica toda a constelação de crenças, valores, técnicas etc., partilhadas pelos membros de uma comunidade determinada. De outro, denota um tipo de elemento dessa constelação: as soluções concretas de quebra-cabeças que, empregadas como modelos ou exemplos, podem substituir regras explícitas como base para a solução dos restantes quebra-cabeças da ciência normal (p. 218).[2]

Os paradigmas podem ser vistos então como "realizações passadas dotadas de caráter exemplar" (idem, p. 218). E, mais adiante, temos que "um paradigma é aquilo que os membros de uma comunidade científica partilham e, inversamente, uma comunidade científica consiste em homens que partilham um paradigma" (idem, p. 219).

Apesar das diferenças há, contudo, elementos comuns entre as noções platônica e de Kuhn. Em ambas encontramos o caráter exemplar do paradigma e, portanto, sua função normativa.

Uma *crise de paradigmas* caracteriza-se assim como uma mudança conceitual, ou uma mudança de visão de mundo, consequência de uma insatisfação com os modelos anteriormente predominantes de explicação. A crise de

---

2. O "Posfácio" de 1969 a esta mesma obra é, em grande parte, dedicado ao esclarecimento do conceito de paradigma. Veja-se a discussão desse conceito em Masterman (1970).

paradigmas leva geralmente a uma mudança de paradigmas, sendo que as mudanças mais radicais consistem em *revoluções científicas*. Há, segundo Kuhn, *causas internas* e *externas* dessas mudanças. As causas internas são o resultado de desenvolvimentos teóricos e metodológicos dentro de uma mesma teoria e também do esgotamento dos modelos tradicionais de explicação oferecidos pela própria teoria, o que leva à busca de alternativas. Causas externas são mudanças na sociedade e na cultura de uma época, que fazem com que as teorias tradicionais deixem de ser satisfatórias, perdendo assim o seu poder explicativo. Devem, portanto, ser substituídas por novas teorias, mais adequadas a essas ulteriores condições. Frequentemente ambos os tipos de causa vêm juntos em um contexto de revolução científica.

Para Kuhn, a crise de paradigmas se opõe assim ao que chama de *ciência normal*, períodos de estabilidade em que há uma aceitação generalizada de determinados modelos teóricos explicativos. Na verdade, se examinarmos em detalhe, foram bem poucos estes períodos na História da Ciência e da Filosofia. Mesmo no período clássico, em que houve momentos relativamente longos de estabilidade, ocorreram mudanças, muitas vezes significativas, nas teorias e modelos explicativos, embora se possa sempre argumentar tratar-se de mudanças dentro de um mesmo paradigma ou quadro conceitual. Por outro lado, muitas vezes é difícil detectarmos determinadas características do momento pelo qual passamos, e o alcance das mudanças ocorridas só fica mais claro retrospectivamente, a partir de uma análise histórica. O melhor exemplo disso é, talvez, a própria revolução científica dos séculos XVI-XVII. Esta noção é usada, aparentemente pela primeira vez, apenas pelo cientista inglês Robert Boyle, membro proeminente da Royal Society, em sua obra *Considerations Touching the Usefulness of Experimental Natural Philosophy*, de 1671.

Um dos períodos mais marcantes e significativos de crise de paradigmas é exatamente a revolução científica dos séculos XVI-XVII, que pode ser considerada um dos principais fatores desencadeantes do pensamento da Modernidade. A "nova Ciência"[3] que neste momento se constitui pode ser ilustrada pelo modelo heliocêntrico de sistema solar formulado por Nicolau Copérnico em seu *De Revolutionibus Orbium Coelestium*, publicado postumamente em 1543, e que se opõe ao modelo geocêntríco de cosmo da tradição aristotélica, formulado na Antiguidade Clássica por Cláudio Ptolomeu (100-178). A crise provocada pelo confronto entre os dois modelos é bem representada pela obra de Galileu intitulada *Diálogo sobre os Dois Grandes Sistemas do Mundo*, de 1632, em que ele assume a defesa de Copérnico contra Ptolomeu e toda a tradição anterior, obra esta que o levará à condenação, em 1633.

O surgimento desta nova Ciência representa, na verdade, muito mais que a formulação de uma nova teoria científica que vem tomar o lugar de teorias tradicionais, em vigor há praticamente vinte séculos. Equivale a uma crise não apenas científica, relativa a determinadas teorias nos campos da Física e da Astronomia, mas sobretudo uma crise *metodológica*, que afeta uma concepção tradicional de

3. O termo "scienzia mova" é empregado pelo próprio Galileu.

método científico, bem como uma crise de visão de mundo, de concepção da natureza e do lugar do homem, enquanto *microcosmo*, nesta natureza, o *macrocosmo*. Todas estas mudanças têm repercussões profundas além do plano lógico-epistemológico, seja na política, na ética ou na estética, uma vez que representam o abandono da concepção de um mundo fechado e hierarquicamente ordenado, em que cada coisa tem o seu lugar predeterminado, que é a concepçao aristotélica de cosmo.

Um dos grandes problemas do início da Modernidade é, assim, o de estabelecer os fundamentos desta nova Ciência, de justificá-la como o verdadeiro modelo explicativo do real, em oposição ao anterior, descartado como falso e errôneo. Trata-se, portanto, de mostrar que, apesar de as teorias científicas da Antiguidade terem sido refutadas, é possível formular teorias científicas verdadeiras que efetivamente constituam um conhecimento do real, que revelem suas leis, que expliquem seu funcionamento. É preciso evitar que venha a ocorrer com as novas teorias científicas o mesmo que ocorreu com as teorias clássicas, ou seja, que a nova Ciência possa vir a ser igualmente refutada no futuro. É este o projeto epistemológico que encontramos, em última análise, tanto na tradição racionalista, inaugurada por Descartes, quanto na tradição empirista, iniciada por Bacon.

Porém, como estabelecer estes fundamentos da nova Ciência, onde encontrar as bases para estas teorias científicas? Não é mais possível recorrer à tradição clássica, ao saber adquirido, às instituições, uma vez que precisamente estes estão sendo questionados, já que as teorias que defendiam foram postas por terra. É, portanto, no próprio *indiví-*

duo, em sua natureza sensível e racional, que estes pensadores vão buscar os fundamentos para as novas teorias científicas. É com base na *razão subjetiva*[4] que se construirá a nova concepção de conhecimento. O exercício da reflexão filosófica equivale, em larga escala, a revelar ao próprio homem sua natureza racional, a purificá-lo das crenças e preconceitos obscurantistas que lhe foram incutidos pela tradição. Equivale também a retomar o caráter originário do pensamento e da racionalidade, de modo a adotá-lo como ponto de partida seguro de um novo processo de conhecimento que produzirá, este sim, teorias válidas. O exemplo mais famoso deste tipo de concepção é o assim chamado *argumento do cogito*, de Descartes (1975).[5] O pressuposto da existência de um indivíduo, dotado de uma natureza racional que caracterizaria precisamente a subjetividade, é central neste novo paradigma, que poderíamos denominar de *subjetivista*. É neste contexto de pensamento que se constituem as oposições entre o mundo externo e o mundo interior, entre a mente e o real, entre o sujeito e o objeto, como dois polos de uma relação.

A modernidade se caracteriza por uma ruptura com a tradição que leva à busca, no sujeito pensante, de um novo ponto de partida alternativo para a construção e a justifica-

---

4. Penso, sobretudo, na tradição racionalista, representada neste sentido principalmente por Descartes, cujo *Discurso do método* ilustra este tipo de visão.

5. Na 2ª *Meditação metafísica*, o argumento do *cogito* visa precisamente a justificar a existência do "eu pensante" como a primeira certeza, uma certeza indubitável, que serve de ponto de partida para a construção do modelo racionalista de conhecimento. A evidência desta certeza se dá por uma apreensão intuitiva, uma vez que o eu se revela a si mesmo sem depender de nada que lhe seja externo. É este acesso privilegiado da consciência a si mesma que permitirá que ela funcione como garantia do conhecimento.

ção do conhecimento. O indivíduo será, portanto, a base deste novo quadro teórico, deste novo sistema de pensamento. É precisamente nisto que consiste o *paradigma subjetivista* na epistemologia. Este paradigma epistemológico é *crítico*, exatamente na medida em que é reflexivo, isto é, em que é capaz de submeter esta razão a um exame permanente, garantindo o seu bom funcionamento, e evitando assim que se repitam as falhas da Ciência clássica, cujos modelos explicativos se revelaram falsos. A possibilidade da crítica pressupõe, contudo, a *autonomia* da consciência subjetiva, bem como seu *caráter originário*. O modelo de conhecimento é, ele próprio, derivado da subjetividade. Explicita-se o que constitui o processo de conhecimento e que nos fornece o critério de conhecimento válido, que é aquele que está de acordo com este processo.

Portanto, de acordo com este novo modelo, a subjetividade é o termo dominante na relação sujeito/objeto, enquanto relação de conhecimento. O próprio objeto é, assim, de certo modo, uma construção do sujeito, de projeção de suas categorias sobre o real. É exatamente a isto que Kant se refere na introdução à *Crítica da razão pura* como *revolução copernicana*, uma inversão do modelo clássico de conhecimento. O objeto agora deve conformar-se ao sujeito. O centro do sistema de conhecimento não é mais o real, mas sim o sujeito. É interessante assinalar que Kant recorre precisamente ao modelo do sistema heliocêntrico copernicano, mencionado acima, como metáfora da mudança de paradigma na epistemologia.

O passo seguinte na elaboração deste paradigma pode ser encontrado na filosofia de Kant, que desenvolve, em 1781, sobretudo na *Crítica da razão pura*, o projeto epistemológico de fundamentação da possibilidade do conhecimento científico na subjetividade, característico da Modernidade. Kant procura, no entanto, superar a oposição entre racionalismo e empirismo do início desta tradição, afastando-se da concepção excessivamente psicologista e mesmo substancialista encontrada, por exemplo, em Descartes, mas também, de certa forma, em Locke. É neste sentido que formula a noção de *sujeito transcendental*. O sujeito transcendental kantiano é um sujeito formal e abstrato, uma espécie de *estrutura universal da subjetividade*, contendo as condições de possibilidade do conhecimento. Esta estrutura, constitutiva de toda relação cognitiva com a realidade, consiste nas formas puras da sensibilidade, a intuição pura, e do entendimento, a capacidade de formular juízos.

O século XVIII será conhecido como *século das Luzes* exatamente na medida em que este tipo de pensamento se torna predominante neste período, o assim chamado *Iluminismo* (*Aufklärung, enlightenment*). A própria noção de "iluminismo" indica, através da metáfora da luz e da claridade, a oposição às trevas, à existência de algo oculto, enfatizando, ao contrário, a necessidade de o real, em todos os seus aspectos, tornar-se transparente à razão. O grande instrumento do Iluminismo é a consciência individual, autônoma em sua capacidade de conhecer o real; suas armas são, portanto, o Conhecimento, a Ciência, a Educação. Neste sentido, o projeto enciclopedista — idealizado por Diderot e D'Alembert — de sintetizar em uma obra, a *Enciclopédia* (cuja publicação se iniciou em 1751), todo o saber da época, tornando-o potencialmente acessível a todos os indivíduos, é representativo desta concepção. E isto porque atribui ao conhecimento a capacidade de libertar o homem dos grilhões que lhe são impostos pela ignorância e pela superstição, e que os tornam facilmente domináveis.[6]

O pressuposto básico do Iluminismo é, portanto, que o homem, todos os homens, são dotados de uma *luz natural*, de uma *racionalidade* capaz de permitir que conheçam o real, e que ajam livre e adequadamente para a realização de seus fins. A tarefa da Filosofia, da Ciência e da Educação é, então, permitir que esta luz natural possa ser posta em prática, removendo-se os obstáculos que a impedem e promovendo o seu desenvolvimento. O Iluminismo possui, portanto, um caráter pedagógico, enquanto projeto de formação do indivíduo, podendo ser visto também como herdeiro do humanismo inaugurado no Renascimento (século XVI).

O paradigma subjetivista começa a entrar em crise em grande parte devido a suas dificuldades internas. O grau de certeza derivado do sujeito pensante, no modelo cartesiano, não consegue ser mantido quando o pensamento se volta agora não mais sobre si mesmo, mas sobre o mundo natural, isto é, quando visa a conhecer a realidade. Como explicar o caráter representacional das ideias enquanto revelando-nos a natureza das coisas e, ao mesmo tempo, manter sua validade e sua certeza? O *solipsismo* é, portanto, a principal dificuldade deste paradigma. Isto significa que o sujeito pensante se encontra isolado do real, do que lhe é

6. A filosofia kantiana é ilustrativa disto. No Prefácio à primeira edição da *Crítica da razão pura*, diz Kant (1975): "Nossa época é propriamente a época da crítica, à qual tudo tem de submeter-se. A *religião*, por sua *santidade*, e a *legislação*, por sua *majestade*, querem comumente esquivar-se dela. Mas desse modo, suscitam justa suspeita contra si e não podem ter pretensões àquele respeito sem disfarce, que a razão somente outorga àquilo que foi capaz de sustentar seu exame livre e público".

externo, fechado sobre si mesmo. O objeto torna-se, neste sentido, uma mera construção do sujeito. É, assim, quase impossível encontrar critérios para a distinção entre o verdadeiro e o falso, ou seja, entre casos em que a realidade corresponde ao real e outros em que não corresponde, já que não há uma instância independente do sujeito; a própria objetividade resulta de uma determinação do sujeito no processo do conhecimento.

A primeira tentativa de ruptura do predomínio deste paradigma, já no século XIX, encontra-se na *reação romântica*, principalmente contra a tradição racionalista. O romantismo — representado no contexto alemão do chamado idealismo pós-kantiano por pensadores como J. Hamann, F. Schlegel, F. Schelling, Hölderlin, Novalis[7] — busca valorizar, ao contrário, o sentimento e a intuição como formas privilegiadas de relação entre o homem e o real. No entanto, ao valorizar o sentimento e a intuição em oposição ao racionalismo, e ao dar uma importância fundamental à experiência individual, na realidade o romantismo mantém-se, ele próprio, dentro do quadro de uma filosofia do sujeito, apenas dando à subjetividade um outro sentido. Porém, apesar de ainda subjetivista, na medida em que não está mais centrada em uma preocupação epistemológica com a fundamentação da Ciência, a visão romântica corresponde já ao abandono do conhecimento, sobretudo do conhecimento científico, como modelo de relação entre o homem e o real.

Pode-se, com efeito, considerar a crítica de Hegel à filosofia kantiana como o primeiro questionamento do paradigma subjetivista, uma vez que se dirige, precisamente,

---

7. Veja-se, a este respeito, Hartmann (1960), especialmente a primeira parte, "Fichte. Schelling e o Romantismo".

contra o pressuposto do caráter originário da subjetividade, contrapondo a esta ideia a noção de uma consciência historicamente determinada, constituída e não mais originária. É principalmente nas *Lições de Iena* (1805-1806) que encontramos esta interpretação. O problema inicialmente levantado por Hegel diz respeito a esta concepção de consciência e subjetividade, formulada por Kant, qual seja, a de um sujeito concebido como a-histórico, atemporal. Hegel mantém, ao contrário, que a consciência e o sujeito devem ser considerados como formados, ou seja, como resultados de um processo de formação que é, fundamentalmente, um processo de interação da consciência com as outras consciências. Do ponto de vista filosófico podemos então identificar, como o faz Habermas (1973)[8] esta formulação de Hegel como precursora da noção de *intersubjetividade*. Para Hegel, segundo esta interpretação, a consciência se constitui em um tríplice processo que envolve a *linguagem*, ou seja, a utilização de um sistema simbólico herdado da tradição; o *trabalho*, ou seja, a interação com o mundo natural através da produção dos meios de subsistência humana em suas várias formas históricas; e a *ação recíproca*, ou seja, a interação da consciência individual com as outras consciências. Portanto, é apenas através de um processo essencialmente interativo que a consciência subjetiva se constitui como tal. Este processo envolve o reconhecimento da consciência pelas outras consciências, como uma etapa fundamental da sua constituição. Só na medida em que este re-

8. Em seu "Trabalho e Interação: observações sobre a 'filosofia do espírito' de Hegel em Iena". Ver também, de A. Koyré, "Hegel em Iena", 1991. O tema da interação entre as consciências terá sua formulação definitiva em Hegel na famosa "dialética do senhor e do escravo", na *Fenomenologia do espírito*.

conhecimento se dá é que a autoconsciência se torna possível. A subjetividade resulta assim de um processo de formação basicamente cultural, de socialização. A relação com a realidade não se dá, portanto, a partir de um ato da consciência subjetiva, mas pressupõe a existência da cultura e nesta, a inserção do indivíduo. O social é anterior ao subjetivo e constituidor da subjetividade.

A crítica de Marx às tradições racionalista e iluminista em geral pode ser vista, até certo ponto, como uma radicalização desse questionamento inaugurado por Hegel. É sobretudo através de noções como *alienação* e *ideologia*, e principalmente em obras como *A ideologia alemã* — escrita com Engels — que encontramos a crítica marxista ao conceito tradicional de consciência e de conhecimento, como transparentes e capazes de dar conta do real.[9] Tanto as representações que a consciência humana produz como as representações da classe dominante são socialmente determinadas, e as últimas são impostas à sociedade como um todo.

> As ideias da classe dominante são, em cada época, as ideias dominantes; isto é, a classe que é a força material dominante da sociedade é, ao mesmo tempo, sua força espiritual dominante (1979, p. 72).

Segundo Marx e Engels, em outro texto igualmente famoso desta mesma obra:

> Os homens são os produtores de suas representações, de suas ideias etc., mas só homens reais e ativos, tais como se

---

9. Sobre o conceito de ideologia, ver em Marcondes (1992) o capítulo "Linguagem e ideologia".

> acham condicionados por um determinado desenvolvimento de suas forças produtivas [...]. E se, em toda ideologia, os homens e suas relações aparecem invertidos como numa câmara escura, tal fenômeno decorre de seu processo histórico de vida (p. 36-7).

Portanto, contrariamente à posição iluminista, para Marx a liberação do homem só será possível na medida em que se transformar a própria sociedade, eliminando-se o domínio de uma classe sobre as demais, e não apenas pela Educação e pela Ciência, que permanecem no campo do pensamento, sem atingir a base material da sociedade que gera o trabalho alienado e, em consequência, a consciência alienada. A noção de *alienação*, enquanto conceito crítico, opõe-se assim ao pressuposto iluminista da racionalidade.

A essa crítica de Marx podemos acrescentar tanto a de Nietzsche à tradição filosófica, à ética e ao racionalismo clássicos, questionando os valores mais centrais desta tradição, como a filosofia de Kierkegaard, com ênfase na angústia e no desespero, e no questionamento do sentido da existência humana. Estes são dois dos principais exemplos da crise pela qual passa, no século XIX, o paradigma inaugurado na Modernidade (Löwith, 1969).

É claro que o modelo epistemológico continua a prevalecer em algumas correntes filosóficas do século XIX como, por exemplo, no empirismo de John Stuart Mill, da Inglaterra, e no neokantismo da escola de Marburg, na Alemanha. A filosofia da ciência positivista, representada neste momento por Ernst Mach, também pode ser vista como dando continuidade a este modelo. Porém, já não mais se trata da filosofia da consciência, característica do início deste paradigma, devido à sua preocupação primordial com o formalismo e com a lógica das teorias científicas, em detrimento do sujeito do conhecimento.

Pode-se dizer então que a filosofia contemporânea é ainda em grande parte um reflexo desta crise e surge como tentativa de superá-la, ou de radicalizá-la em suas diferentes vertentes. Exatamente na medida em que não mais podemos identificar um paradigma dominante em nosso contexto de pensamento — referência básica para nossos projetos científicos, políticos, éticos, pedagógicos e mesmo estéticos — é que nos caracterizamos como vivendo uma crise de paradigmas, e até mesmo uma crise da própria necessidade e possibilidade de um paradigma hegemônico. Estamos, portanto, em busca de caminhos, de respostas. A História das Ideias e, mais especificamente, a História da Ciência — à qual recorremos nesta breve análise de alguns aspectos centrais da constituição e da crise do paradigma da Modernidade — nos revelam, entretanto, que os períodos de crise são extremamente férteis porque abrem novas possibilidades ao pensamento. Neste sentido, eles permitem o surgimento de alternativas aos modos de pensar anteriores. Revelam também que, muitas vezes, o verdadeiro sentido do momento pelo qual passamos só pode ser estabelecido e avaliado *a posteriori*, em retrospecto, quando e se, de acordo com a terminologia de Kuhn, se instaurar um novo contexto de "normalidade".

Referências bibliográficas

DESCARTES, R. *Discurso do método*. São Paulo: Abril, 1975. (Col. Os Pensadores.)

DESCARTES, R. *Meditações metafísicas.* São Paulo: Abril, 1975. (Col. Os Pensadores.)

HABERMAS, J. Travail et intéraction. In: *La science et la téchnique comme ideologies*. Paris: Gallimard, 1973.

HARTMANN. N. *A filosofia do idealismo alemão*. Lisboa: Fundação Gulbenkian, 1960.

KANT, I. *Crítica da razão pura.* São Paulo: Abril, 1975. (Col. Os Pensadores.)

KOYRÉ, A. *Estudos de história do pensamento filosófico*. Rio de Janeiro: Forense Universitária, 1991.

KUHN, T. *A estrutura das revoluções científicas*. São Paulo: Perspectiva, 1962. (Col. Debates.)

LÖWITH, K. *De Hegel a Nietzsche*. Paris: Gallimard, 1969.

MARCONDES, D. *Filosofia, linguagem e comunicação*. 2. ed. São Paulo: Cortez, 1992.

MARX, K.; ENGELS, F. *A ideologia alemã*. 2. ed. São Paulo: Ciências Humanas, 1979.

MASTERMAN, M. The nature of a paradigm. In: LAKATOS, I.; MUSGRAVE, A. (Orgs.). *Criticism and the growth of knowledge.* Cambridge: Cambridge University Press, 1970.

A crise dos paradigmas e a crise do conceito de paradigma

*Carlos Alberto Plastino**

Para iniciar minha participação neste debate, gostaria de afirmar que não é suficiente falar em crise *dos* paradigmas, mas em crise do conceito mesmo *de* paradigma. E, ainda, de crise do conceito de crise dos paradigmas. Vamos, então, por partes.

Na Filosofia platônica, o termo paradigma evoca o conceito de modelo, especialmente de modelo eterno e invariável do qual participam as coisas sensíveis. Nesse sentido — que em Platão é predominante, mas não exclusivo — o termo paradigma pode ser considerado como equivalente ao de ideia (Mora, 1986, p. 2486-88). Esta última, cuja raiz etimológica procede, em grego, do verbo ver, equivale a visão. Porém, não se trata apenas da visão que

* Psicanalista, cientista político e professor da PUC-RJ.

alguém tem de algo, mas sobretudo do aspecto oferecido pela coisa vista (idem, p. 1588 ss.). Esta dupla significação do termo oferece uma ponte para a concepção moderna do conceito de paradigma, representada particularmente por Thomas Kuhn e intimamente vinculada à concepção da evolução das Ciências. Nesta concepção moderna, a ênfase é colocada não na coisa conhecida, mas no próprio conhecimento.

Segundo a concepção kuhniana, a evolução das Ciências se caracteriza por uma especialização, pela separação crescente das disciplinas científicas e por uma conduta do científico que o leva a despreocupar-se das questões gerais vinculadas à significação global de suas pesquisas, limitando-se aos problemas específicos de sua disciplina. Esta atitude supõe, também, a autonomia do trabalho científico com relação às questões culturais, econômicas e sociais do contexto no qual esse mesmo trabalho é realizado. Assim, a produção de conhecimentos se opera por acumulação, isto é, pela aplicação, a questões e problemas novos, do paradigma considerado. A crise deste intervém quando o conjunto de conceitos e técnicas que o constituem fracassa reiteradamente na solução de questões de seu próprio âmbito de pertinência. Quebra-se, então, a homogeneidade da comunidade científica e instaura-se um debate que concluirá pelo estabelecimento de um novo paradigma e pelo restabelecimento da homogeneidade em torno dele. O paradoxal neste processo é que, embora as crises dos paradigmas se sucedam sistematicamente, isto acontece não pela iniciativa dos cientistas, mas apesar deles e, por assim dizer, contra a sua vontade (Prigogine e Stengers, 1990, p. 314 ss.).

Esta concepção sobre o trabalho científico e sobre sua evolução é, quaisquer que sejam os méritos que lhe atribuamos, historicamente datada. Por isso mesmo, constitui apenas uma descrição pertinente do trabalho científico, tal como este se desenvolveu, em geral, nas universidades modernas, a partir do século XIX. Trata-se de uma prática social específica, que não representa a única forma válida do trabalho científico. Precisamente por isso, parece-me necessário discutir hoje não apenas a questão da crise de determinado paradigma, mas a crise do conceito mesmo *de* paradigma, o que significa questionar a especialização das disciplinas científicas e sua autonomia frente ao contexto global de sua produção, isto é, as problemáticas social, econômica, política e cultural das sociedades nas quais esta produção se realiza.

A questão central que atravessa a crise do paradigma da Ciência moderna é a das relações entre e o ser e o advir ou, pode-se dizer, entre a permanência e a mudança. Essa é uma questão clássica na história do conhecimento humano, retomada na modernidade sob a hegemonia do extraordinário desenvolvimento atingido pela Física moderna, constituída, ela própria, em modelo de conhecimento científico. Nesta perspectiva, a natureza é pensada como constituindo uma ordem e o próprio movimento como derivado de leis constitutivas dessa ordem e por elas explicável.

A racionalidade intrínseca dessa ordem, por sua vez, tornava possível exprimi-la em termos matemáticos, reduzindo a mudança a uma dinâmica apreensível em trajetórias determinadas e reversíveis. Assim, a possibilidade de conhecer essa ordem e sua dinâmica viabiliza uma ciência potencialmente onisciente, capaz de calcular uma determinada situação a partir de qualquer outra, em um dado momento do passado ou do futuro. Assim sendo, o tempo se vê limitado a um ponto de observação externo ao sistema, sem significação, portanto, para o advento do diverso e da mudança. Do ponto de vista da teoria física, o futuro estava contido no presente e a diferença entre passado, presente e futuro não passava, como afirmava Einstein, de uma ilusão, embora tenaz.

Esta perspectiva iluminista foi hoje abandonada pela Física e pelas Ciências da natureza em geral. Liberados da fascinação de uma racionalidade fechada, esses saberes não mais sustentam a necessidade de negar a possibilidade do novo e do diverso, em nome de uma lei universal e imutável. O conhecimento da ordem necessária, dada desde sempre e capaz de exprimir-se em um sistema fechado, deixa lugar à possibilidade de um conhecimento parcial de um mundo aberto, de cuja construção o homem participa (Prigogine e Stengers, 1990, p. 302 ss.). Assim, o tempo, o sujeito e a história se transformam em fatores imprescindíveis para a compreensão do ser e da transformação, parâmetros iniludíveis para a construção do conhecimento.

Como já foi dito aqui, sabe-se que a Física moderna se constituiu em modelo de cientificidade para o conjunto da produção científica da modernidade. A transformação por ela sofrida — a partir dos resultados de suas próprias pesquisas — interpela as outras Ciências e saberes, que, no entanto, continuam sustentando seus fundamentos sobre princípios já abandonados ou relativizados em áreas do saber nas quais nasceram e a partir das quais se expandiram.

Os paradigmas científicos nas Ciências Sociais

A crise do paradigma da Física moderna, como se viu, é atravessada pela irrupção do tempo, não mais considerado como ponto externo de observação de um processo determinístico e reversível, mas como parte constitutiva do próprio processo que, assim, deve ser apreendido como indeterminado. Em um sentido mais amplo, é no conjunto dos saberes, incluindo a Filosofia, que esta problemática se impõe (Amaral, 1992), precipitando a crise dos modelos que, excluindo o tempo, excluíam a história e o sujeito, isto é, excluíam a possibilidade de irrupção do novo, da criação.

Entretanto, vale a pena insistir no seguinte: a inclusão do tempo, da história e do sujeito como atores/construtores não apenas provoca a crise *do* paradigma moderno, mas precipita a crise do conceito mesmo de paradigma. Trata-se de criticar a concepção do real objetivo como dado, nos seus sistemas de determinações e da teoria, como um olhar capaz de apreender aquilo que é, estabelecendo essas determinações. Esta concepção da teoria como imagem de algo que é — constituindo um subproduto da ontologia platônica — permitia pensar o saber como uma atividade autônoma, desvinculada da problemática global da sociedade no qual era produzido. A irrupção do tempo, da história e do sujeito derruba assim não apenas a concepção do real-objetivo (como algo que é), mas também invalida a concepção do saber como reflexo disso, capaz de ser pensado omitindo-se as condições históricas de sua produção. A irrupção do sujeito, isto é, da história, ou seja, do novo, do não determinado, impõe a mudança radical na compreensão da teoria. Esta não mais pode ser considerada como um olhar neutro sobre aquilo que é, mas deve ser pensada como uma prática social coconstitutiva daquilo que advém, prática esta intimamente entrelaçada ao contexto global da sociedade na qual ela é produzida.

É nesta perspectiva que me parece conveniente abordar a questão da crise dos paradigmas no campo das Ciências Sociais, sendo óbvio que só será possível apontar aqui algumas das linhas de abordagem desta problemática.

A primeira delas refere-se ao papel de modelo que a Física moderna jogou para a construção dos saberes sociais e humanos. Não me refiro com isto apenas à ingênua pretensão dos autores jusnaturalistas, empenhados em construir um conhecimento do social capaz de atingir o mesmo nível de rigor e exatidão atribuído ao conhecimento matemático.[1] Há muito tempo esta pretensão vem sendo criticada sem, entretanto, levar ao abandono de alguns dos parâmetros básicos, subjacentes àquela concepção.

Expressa, ainda, o cientificismo moderno nas Ciências Sociais, a pretensão de formular a legalidade constitutiva da organização social a partir do estabelecimento de dados naturais do homem e de seu comportamento. Assim, o pensamento liberal constrói sua teoria social a partir do elemento mínimo indivisível — o indivíduo — e de suas características "naturais". A-historicizando a experiência humana, esta teoria supõe que as motivações fundamentais

1. Como exemplo, a seguinte afirmação de John Locke: "A partir de proposições evidentes por si mesmas, mediante consequências necessárias tão incontestáveis como as das Matemáticas, poderia-se obter a medida do justo e do injusto, se alguém quisesse aplicar-se a esta Ciência com a mesma indiferença e atenção que põe na outra" (cf. *O segundo tratado do governo civil*. São Paulo: Abril, s/d. [Col. Os Pensadores.])

dos homens sempre foram, são e serão as mesmas, em toda e qualquer sociedade. Assume-se, portanto, como uma característica da natureza humana a realidade empírica de uma experiência histórica e geograficamente situada.

Não basta a esta concepção ignorar que a denominada "natureza humana" é, em larga escala, um produto da história. Ela escamoteia ainda — o que é mais perigoso — que, nessa construção, a concepção que os homens têm deles mesmos e de suas relações teve um papel central, ou seja, omite a própria participação do homem — enquanto prática social — na constituição do imaginário social. Escamoteia, assim, que as consideradas "motivações naturais" do agir humano (e os valores correspondentes que orientam a vida dos homens) são criações sociais, que cada cultura institui valores que lhe são próprios e molda os indivíduos em função deles, já que os homens não nascem trazendo consigo o sentido das próprias vidas. Como afirma Castoriadis (1986, p. 37), o máximo de consumo, de poderio ou de santidade não são objetivos inatos na criança, mas a cultura, na qual ela crescerá, irá lhe ensinar a "necessidade" disso. A História Moderna ilustra que a universalização da "natureza" do homem produzido pela sociedade capitalista passou pela destruição de formas totalmente diferentes de vida, não apenas na Europa pré-moderna, mas também pelo etnocídio em larga escala, perpetrado nas Américas, África e Ásia.

Certamente a produção científica sobre a sociedade, a política e a economia não se esgota no trabalho teórico desenvolvido pelo pensamento liberal ou nele inspirado, mesmo que essa curiosa mistura de amnésia e cinismo atualmente dominante assim pareça sugerir. Em qualquer análise séria da evolução das Ciências Sociais e da História dos últimos cento e cinquenta anos, é impossível negar a importância e a significação da teoria marxista e das práticas sociais por ela inspiradas. Mas, precisamente por isso, também esse paradigma teórico deve ser objeto de consideração crítica. Obviamente, mesmo neste caso, só será possível propor aqui algumas pistas para a reflexão.

Sem dúvida, o pensamento marxista supera — ainda que ambiguamente — postulados básicos do pensamento liberal, aos quais me referi sumariamente nos parágrafos precedentes. Entre eles, é importante sublinhar a rejeição, por Marx, da concepção de uma "natureza humana" sempre igual a si mesma, e de uma explicação do funcionamento social a partir dos dados eternos dessa natureza. A afirmação de que a natureza humana é o conjunto das relações sociais que os homens estabelecem entre si, e a ideia de que a história é o produto da ação dos homens (Marx e Engels, 1977a, p. 11-14, 21 ss.) exprimem claramente a aludida diferença de perspectiva. Essa superação, entretanto, é ambígua, pois se a história é assim claramente introduzida no quadro teórico marxista, ela acaba sendo anulada pela preeminência do determinismo que estrutura essa teoria. Não desejo me referir aqui ao tantas vezes criticado determinismo econômico, segundo o qual a evolução da história estaria comandada, mesmo que em última instância, pelo desenvolvimento das forças produtivas. O tema tem sido motivo de rico debate que não poderia ser sequer aludido nestas linhas.

Entretanto, mesmo que em aberta contradição com as teses sobre o papel do sujeito e da iniciativa histórica na evolução social, parece-me indiscutível que a teoria marxista está permeada pela ideia de causalidade e, em consequência, de devir necessário. Embora lúcido e crítico com relação ao sociocentrismo (atitude que leva a julgar os fenômenos e processos de outros tempos ou lugares, a partir das concepções próprias da sociedade de quem julga), Marx constrói sua teoria a partir dessa perspectiva — o que era obviamente inevitável — construindo um sistema de pretensa validez universal, o que constituiu um erro. Assim, a predominância por ele atribuída ao desenvolvimento das forças produtivas na explicação do processo histórico, claramente perceptível na sociedade capitalista, é extrapolada ao conjunto das sociedades humanas.

Marx torna natural um fato histórico e reafirma a premissa liberal que outorgava à motivação econômica o papel de explicar a conduta humana. A concepção da natureza como um domínio a ser explorado pelo homem, como também a ideia de "progresso" constituem uma perspectiva produzida pela modernidade, mas de forma alguma uma atitude "natural" dos homens. Entenda-se bem, não se trata de ignorar que em todas as épocas e lugares os homens se ocuparam efetivamente de sua subsistência, nem que, depois de Marx, é impossível fazer qualquer análise social sem levar em consideração as relações existentes entre a reprodução da vida material e qualquer outro fenômeno social. Todavia, também os macacos se ocupam de sua reprodução. O próprio do homem é criar outras necessidades além do mínimo biologicamente necessário, e o criticado aqui é a afirmação de que essas necessidades foram sempre e em todo lugar predominantemente econômicas, o que significa uma extrapolação da História moderna ao conjunto da experiência humana.

Mas mesmo que se entenda a metáfora base/superestrutura não como representativa de uma relação entre matéria e ideia, como aparece claramente em numerosos textos de Marx, mas como relações entre diversas modalidades de interação social, o determinismo — e com ele a pretensão de formular uma teoria capaz de refletir o processo da história humana — continua, a meu ver, caracterizando o pensamento marxista. Este determinismo, como se sabe, consiste em afirmar que a História é consequência da ação de forças cujas leis — sua racionalidade — podem ser captadas. Assim sendo, a História e suas diversas fases podem ser compreendidas e a Ciência pode se apropriar de sua legalidade. Reencontramos aqui a dialética, mesmo que em Marx o movimento dialético não seja já atribuído ao *logos*, mas às forças produtivas e à sucessão de classes na História. A dialética supõe a racionalidade da História e seu decurso necessário, ou seja, a teleologia.

Mais uma vez, pode-se afirmar que Marx reserva ao sujeito coletivo e, portanto, à iniciativa humana, um papel fundamental no processo histórico. A contradição subjacente entre essa concepção e o teleologismo a que aludimos antes se me afigura aparentemente resolvida pela concepção de uma ação humana que, uma vez tendo produzido a desalienação, será necessariamente racional. Digo aparentemente resolvida porque me parece evidente que, nessa perspectiva, considerando a conduta do homem desalienado como necessariamente racional, ela se integra em um processo necessário.

A concepção de Marx da participação do sujeito na história não se expressa apenas nos já citados textos de sua juventude. A confiança do autor no advento necessário do socialismo nutria-se *também* da análise do processo histórico, do qual ele participava ativamente na sua maturidade. Este processo histórico era, como Marx gostava de dizer, o que se passava sob seus olhos, ou seja, um crescimento muito significativo da participação do proletariado no espaço público, entendendo-se por tal o *locus* onde as questões públicas eram discutidas racionalmente. Os indicadores sobre alfabetização das classes populares, difusão da imprensa proletária, crescimento das comunicações, organização do proletariado eram, para Marx, demonstrativos da existência de um processo de desalienação que, maximizado pela anulação revolucionária da dominação de classes, tornaria inevitável o predomínio da racionalidade na motivação da conduta humana. O proletariado estava se constituindo, sob seus olhos, em sujeito "para si" e, impulsionado por seus interesses objetivos, seu comportamento seria necessariamente racional.

Assim, a racionalidade da História agia através da racionalidade humana e os homens faziam a História. Esta, porém, já estava determinada por sua natureza racional. É claro que, nesta concepção, o determinismo tem a preeminência, e a iniciativa histórica acaba anulada porque o sentido da história já está dado pelo jogo combinado do desenvolvimento das forças produtivas — postulado necessário — e da ação obrigatoriamente racional do sujeito coletivo. Entretanto, história significa criação do novo, emergência de comportamentos, instituições e objetivos que derivam de práticas sociais, tanto produzidas como produtoras de significações plurais. Estas, como a experiência torna evidente, não se podem reduzir a padrões de racionalidade. A pobreza das análises marxistas no campo da cultura — e, em sentido mais amplo, da denominada superestrutura — parece constituir o resultado inevitável da perspectiva teórica aqui criticada.

A emergência do não determinado, do radicalmente novo na história obviamente não anula a possibilidade de se estabelecer regularidades, de se formular relações de causalidade entre os fenômenos da vida social. Entretanto, torna inviável a formulação de um paradigma científico capaz de explicar, por relações determinadas, tanto a estática quanto a dinâmica do "sistema social". Torna-se, então, insustentável o paradigma marxista, o que não quer dizer que se negue a pertinência de muitas de suas análises sobre a economia e a sociedade capitalistas. Finalmente, é bom lembrar que, segundo a própria concepção marxista, nenhuma teoria pode fugir às condições históricas de sua produção. Lembro ainda que, como afirma Engels, ele próprio e Marx reivindicavam ser os seguidores mais consequentes do pensamento do Iluminismo (Plastino, 1987, p. 13 ss.)

Para concluir

A especialização crescente, a formalização — por vezes a matematização — e a pretensa autonomia das construções científicas com relação ao contexto global de sua produção constituem outro traço marcante que as Ciências Sociais tomaram dos paradigmas científicos das Ciências Naturais da Modernidade. Este último aspecto, que engloba os outros dois, reveste-se de uma importância particular, na medida em que empobrece o potencial crítico e a dimensão ética do trabalho científico como prática social. Por isso, mesmo em uma intervenção cujo objetivo é discutir a crise *dos* paradigmas nas Ciências Sociais, parece-me iniludível referir — mesmo que sumariamente — ao contexto global escamoteado pelo paradigma em crise.

Creio que esse contexto global caracteriza-se, no atual momento histórico, pelo fracasso das diversas modalidades recentes de organização social, entendendo por fracasso sua incapacidade de organizar a sociedade em torno dos objetivos de solidariedade, igualdade e liberdade. Fracasso, em primeiro lugar, dos regimes do denominado socialismo real, transformados em ditaduras burocráticas e ineficientes. Fracasso também da denominada social-democracia, cada vez mais mimetizada com o neoliberalismo e caracterizada pelo paulatino, porém inequívoco, abandono dos objetivos solidários e das políticas de bem-estar social. Este segundo fracasso se evidencia nos indicadores de desemprego, marginalização e deterioração dos serviços públicos de Saúde e de Educação, inclusive nos países mais ricos do centro capitalista. No entanto, evidencia-se ainda mais profundamente na inquietante quebra de valores solidários, quebra essa manifestada no reaparecimento do racismo, da xenofobia e da múltipla expressão da violência social. No imaginário social dominante nos países do centro capitalista — outrora social-democratas em maior ou menor medida — o "outro" aparece cada vez mais como alguém que incomoda, que é preciso afastar, ignorar ou destruir. E finalmente — é importante sublinhar — evidencia-se no fracasso do capitalismo, manifestado não apenas na tragédia do antigamente denominado Terceiro Mundo, mas, também, na deterioração da vida econômica e social do centro capitalista. O cenário social e econômico contemporâneo indica — parece-me indiscutível — que no, modelo de sociedade neoliberal não há lugar para todos; de modo que o progresso tecnológico tem, como contrapartida, a marginalização de setores cada vez mais significativos e a insegurança crescente de todos. O mundo homogeneizado pelo imaginário neoliberal é, cada vez mais, o mundo do medo e da solidão. Estas questões, fundamentais para o futuro da humanidade, devem ser, a meu ver, o centro da reflexão científica, não apenas das Ciências Sociais e Humanas, mas do conjunto delas, já que todas participam da produção da sociedade.

Convém insistir: o mundo da economia e da sociedade, assim como o homem, são o produto da ação histórica do próprio homem. Assim, o inquietante panorama atual, sumarissimamente aludido nos parágrafos precedentes, não constitui uma fatalidade histórica determinada pelo jogo de forças naturais. Ele resulta da multiplicidade de práticas históricas e é, ao mesmo tempo, fruto da reprodução do existente (valores, motivações) e da capacidade de criação do novo que é, por sua vez, patrimônio do homem como ser histórico e não apenas natural. Dentre essas práticas, no contexto deste trabalho, é necessário sublinhar a especificidade daquelas através das quais se elabora o denominado conhecimento científico, peça central na reprodução/transformação do imaginário social. Se o que existe hoje não é dado desde sempre mas advém, se nesse devir a ação humana é central, se ainda nesse agir humano a produção de significações é decisiva, então o saber produzido não pode ser entendido como simples reflexo neutro do existente, mas engaja diretamente a responsabilidade dos cientistas. A recuperação da dimensão ético-política que esta perspectiva torna necessária acarreta, também, como consequência, a recuperação prática da liberdade e da responsabilidade (Amaral, 1992, p. 68).

Assim, não é de uma crise *dos* paradigmas que devemos falar, porque não se trata de substituir um modelo que se verifica incapaz de refletir uma realidade dada. O que enfrentamos é a crise do conceito mesmo *de* paradigma, na medida em que, não existindo uma realidade dada — entendida como sistema fechado — já não se trata de discutir a maior ou menor pertinência de um modelo (paradigma) que a reflita, mas é preciso criticar a pertinência do próprio conceito *de* paradigma. Esta segunda perspectiva incluiu a crítica do conceito de crise *dos* paradigmas, já que, ao contrário do modelo positivista, essa crise não deriva da inadequação dos paradigmas a uma realidade, mas de sua incompatibilidade com nossas escolhas éticas. Afirmar que não existe uma verdade necessária que cabe à Ciência conhecer não significa negar a possibilidade ou a necessidade de uma racionalidade que cabe construir. Esta, entretanto, não se define por uma relação a determinada ordem dada desde sempre, mas deve ser construída em íntima relação com os objetivos em torno dos quais se desenvolvem as relações dos homens entre si e com o mundo natural. Assim sendo, a racionalidade a ser construída passa necessariamente pelo crivo de nossas opções éticas.

Pelo que foi dito, embora não se trate de propor a substituição de um paradigma por outro, é possível assinalar algumas linhas capazes de orientar o trabalho científico.

Não pretendo, obviamente, ocupar-me desse tema no presente trabalho, mas considero conveniente indicar algumas vertentes que me parecem importantes: a primeira alude à necessidade de que todo trabalho científico explicite os pressupostos ético-políticos que o motivam e que se interrogue sobre as consequências globais de seus resultados. A segunda é que se faz necessário superar o excessivo encastelamento das diversas disciplinas, de maneira a tornar possível um olhar múltiplo sobre nossos objetos de estudo. E a terceira — e não menos importante — é a urgência de se rever a política e o financiamento das diversas áreas, de maneira a superar o privilégio de que gozam as denominadas Ciências Exatas e Naturais e, ainda, a Economia, frequentemente cegas às consequências sociais, éticas e políticas de seu próprio trabalho.

Referências bibliográficas

AMARAL, Marcio Tavares do. Filosofia, ciência e história: por que a razão é um problema. In: KATZ, S. C.; DÓRIA F. A. (Coords.). *Razão/desrazão*. Petrópolis: Vozes, 1992.

CASTORIADIS, Cornelius. *A instituição imaginária da sociedade*. Rio de Janeiro: Paz e Terra, 1986.

MARX, Karl; ENGELS, Friedrich. *A ideologia aemã*. São Paulo: Editorial Grijalbo, 1977a.

______. *Teses sobre Feuerbach*. São Paulo: Editorial Grijalbo, 1977b.

MORA, José Ferrater. *Diccionario de filosofia*. Madrid: Alianza Editorial, 1986.

PLASTINO, Carlos Alberto. Democracia e transformação social: um debate necessário. *Contexto Internacional* (revista semestral do Instituto de Relações Internacionais), Rio de Janeiro, ano 2, n. 4/5, p. 13 ss., 1987.

PRIGOGINE, Ilya; STENGERS, Isabelle. *La nueva alianza*. Madrid: Alianza Editorial, 1990.

A crise dos paradigmas em Educação na óptica da Psicologia

*Maria Apparecida C. Mamede-Neves**

Quando me coloco face a face com o tema que ora se propõe, ou seja, a crise dos paradigmas em Educação e de como, nesse campo, se configura o reflexo dessa crise, sinto-me empenhada em uma tarefa quase impossível, isso principalmente pela multiplicidade de variáveis que essa complexidade traz em seu bojo.

Por outro lado, porque em consequência de minha trajetória de vida tenho tido a oportunidade de viver essas duas ordens de crise de paradigmas — na Psicologia e na Educação — sinto-me com o privilégio de poder ser o porta-voz dessas duas ordens e é, nessa condição, que vou desenvolver minha reflexão.

Em primeiro lugar, acho imprescindível (re)tornar-se ao conceito de paradigma. Afinal, a que acepção dessa palavra estamos nos referindo?

* Professora doutora em Psicologia, Departamento de Educação, PUC-RJ.

Paradigma, conforme muito bem pontua Marcondes (1993), é um conceito que está referendado a *modelo, tipo exemplar*, e que, a partir de um momento da história da humanidade, pressupõe o conceito de *aceitação*. Nesse sentido, tanto pode estar relacionado à solução concreta de um problema, e nesse caso passa a ser tomado como um modelo a ser seguido, como, em virtude da validação consensual que se faz em torno dele, também é o conjunto de crenças e práticas partilhadas por um grupo.

Desse modo, a crise do paradigma se instaura no momento em que esse modelo não mais funciona, quer por mudanças conceituais, quer por mudanças de visão do mundo. Nesse caso, ainda tomando como base a excelente exposição de Marcondes, o que sucede quando as crenças adotadas são consideradas falsas ou os modelos insuficientes para dar conta da complexidade da validade empírica, é o aparecimento de um *grande vazio* e de um novo questionamento quanto à possibilidade de essas novas crenças, que hoje derrubam as anteriores, também poderem vir a ser, elas mesmas, questionadas amanhã. Qual a garantia que se tem de que esse novo modelo, que está substituindo o anterior, não vai também ser demolido e considerado uma não-certeza daqui a algum tempo?

A questão que se coloca, portanto, nesse momento, é muito mais complexa, porque não se trata só e meramente da substituição de "verdades", senão também, e principalmente, de ver como o homem lida com essa substituição.

À luz da Psicologia, esse *grande vazio* que o homem sente representa a reativação da grande angústia por ele sentida quando a sua incompletude é tocada, havendo a possibilidade de, com isso, reativar alguns de seus medos básicos:

- o medo do retorno ao estado confusional inicial de sua vida, quando a indiscriminação era a maior característica;
- o medo do ataque do novo, que o desinstala e que o faz se sentir inseguro, devido à carência de compreensão e de manejo desse novo;
- o medo da perda do que já estava estabelecido e existente e que lhe dava a confiança de um certo grau de certeza de si mesmo, permitindo-lhe a vivência da tranquilidade (Pichon-Rivière, 1978).

É pela possibilidade de (re)vivência de algum desses três medos básicos, que o homem busca terminar o conflito da crise e, consequentemente, a angústia que ela lhe impõe.

Uma das possíveis resoluções desse conflito seria a busca de uma fundamentação epistemológica desse saber que, de certa forma, lhe confere a ilusão de que não cairá tão facilmente na armadilha de ser vulnerável; a outra solução também buscada seria apoiar-se no sujeito conhecedor que, tomado por ele como o "dono do saber", lhe dá o grau de certeza da crença adotada.

Em outros termos, a resolução do conflito vivido pelo homem na crise dos paradigmas pode-se dar de dois modos: pela transferência (ou deslocamento) da responsabilidade da veracidade da crença para o peso da fundamentação teórica, tomada então como um objeto externo a si mesmo e/ou pela transferência dessa responsabilidade para o outro, ou seja, para aquele que, por um lado, legitima e confere autoridade ao seu saber e, por outro, é por ele legitimado como "dono do suposto saber", nas palavras de Lacan (1988).

Uma terceira maneira de resolver o conflito seria o homem buscar-se como sujeito conhecedor, a partir de uma posição crítica sobre os paradigmas que se estão instaurando, em contraposição aos paradigmas perdidos. Mas o sujeito conhecedor é, antes de tudo, um sujeito individual, sujeito solitário, sujeito que fica sozinho nessa situação (sozinho, aqui, tomado no sentido daquele que tem o seu próprio universo).

Assim, é necessário que o homem busque no universo das significações, no universo da linguagem, a possibilidade de comunicação, a possibilidade de lidar com o outro e com ele partilhar suas reflexões.

Esse canal de comunicação que se abre permite que apareçam os deslocamentos e as transferências realizadas pelo sujeito para as representações do mundo objetal e social e que, através do processo dialógico, seja possível a correção de algumas distorções sempre existentes no processo transferencial.

A ação transferencial que o homem faz para o outro, tomando-o como detentor do saber ou como aquele que lhe confere o saber, só é possível através de um processo subjacente de identificação, processo dedutivo inconsciente, pelo qual há a adoção de uma *gestalt* do modelo que, por sua vez, desencadeia um processo (também gestáltico) preexistente no observador (Mamede Neves, 1977).

> A identificação é sempre motivada e o motivo básico é equiparar a autoimagem à imagem percebida do modelo, já que

> não consegue captar o objeto inteiro mas sim aspectos do objeto enquanto percebidos pela pessoa. Deste modo, ela não se refere nunca ao comportamento que foi dado ao indivíduo através dos processos perceptuais, imagem essa mais ou menos distorcida pela influência de atitudes, expectativas, motivações, cognição e fantasias dele próprio enquanto observador (Graciano, 1971, p. 67).

A identificação, a projeção e a transferência são fenômenos que existem em toda relação humana e que apenas foram apontados e levantados como dados empíricos, como estudo, como recorte, pela Psicanálise.

Através da contribuição desse campo, tem-se visto que o paradigma (ou modelo) é, portanto, não só necessário mas imprescindível para a construção do sujeito, da cultura e da civilização. Entretanto, esses paradigmas devem ser vistos como modelos apenas balizadores, essenciais à construção que o homem está realizando do real ou de si próprio, mas nunca tomados com a investidura de absolutos, cristalizados. Sua função seria a de propiciar sempre, a quem deles se apropria, a possibilidade de recriá-los, tomados então como paradigmas provisórios, como aproximações parciais.

Isso posto, qual a contribuição que, nesse sentido, a Psicologia e, em particular, a Psicanálise, podem oferecer à Educação?

A primeira diz respeito à necessidade que, por um lado, a Educação tem tido de se isolar de outros campos do conhecimento, não possibilitando um intercâmbio maior, porque assim, pela cisão que se faz, não se instala o conflito do confronto. Em contrapartida, mas também movida pelo mesmo medo, está a necessidade, que se tem tido em Educação, de tomar algumas teorias como paradigmas absolutos, porque dão a ilusão de uma maior confiabilidade. Em ambos os casos, não há avanço porque não há diálogo.

Quando já existe a tentativa de interlocução — e é exatamente este o esforço que se está agora fazendo — é porque já se torna possível o diálogo sem se perder a identidade diminuindo-se também o temor da perda dos próprios paradigmas. O processo desse caminhar é e será sempre angustiante, mas o resultado desse esforço é o enriquecimento para ambos os lados.

Outra grande contribuição da Psicanálise à Educação reside no reexame da díade professor/aluno. Nesta relação, algumas situações podem ocorrer.

Há a situação em que o aluno toma o professor como o sujeito do saber e, enquanto tal, transforma-o em seu ideal de ego, transferindo para ele o seu ideal de conhecedor, por seu turno, o professor aceita essa depositação de papel, enquanto aquele que ensina. Na verdade, essa idealização e essa aceitação por parte do professor, se provisórias, são fundamentais como expressão da identificação havida entre aluno e professor e constitutivas do processo de construção e reconstrução do conhecimento, respectivamente, por parte de cada um deles.

Curiosamente, por vezes, a projeção, pelo aluno no professor, de "sujeito do saber", acaba sendo repudiada pelo próprio aluno, posto que ele espera que o professor não se ponha nessa posição, ao mesmo tempo em que espera ser compreendido e aceito no seu não-saber. Ficam, assim, duas significações, opostas entre si, para a mesma relação.

O grande perigo está, e nós sabemos que durante muito tempo isto se deu, se o professor se assume como depositário dessa idealização e, desse modo, é legitimado pela sociedade acadêmica; nesse caso, o aluno se mantém apenas na posição de indicador de "você sabe", "você diz", o que também se constitui, para ele, em uma situação bastante cômoda, posto que não o faz partilhar da responsabilidade na construção desse saber.

Por seu turno, o conhecimento acadêmico, retido nas mãos de quem ensina e de quem pesquisa, pode se encastelar no seu universo simbólico, não partilhado, só admitindo em seu seio aqueles que compartilham de seu hermetismo e de sua "linguagem". O resultado é a alienação e o isolamento que, por vezes, nem a concretude do dado empírico consegue quebrar.

Forma-se, assim, uma cisão entre os que sabem e os que não sabem. Por exemplo, o silêncio posterior à fala de um conferencista pode ser representativo do medo, por parte do auditório, de questioná-lo, posto que fazer perguntas significa pôr em comum o que se estava pensando acerca do tema e que pode ser interpretado como expressão de ignorância. Não é fácil suportar o não-saber; é muito difícil.

No entanto, a ignorância na área do conhecimento é — e deveria sempre ser — a busca das significações que permitem o trânsito da comunicação. Entretanto, acaba sendo constitutiva da barreira entre os que sabem, tomados como paradigmas absolutos, e os outros. Os sujeitos do saber são colocados nesse pedestal (por esses mesmos outros), justo para serem mantidos suficientemente longe, a fim de que não ponham a nu a sua ignorância. Em outras palavras, a veneração que se instala em torno desse saber é, portanto, o tapume que impede a confrontação entre o que o sujeito pensa (e inveja) do outro e o que ele pensa de si mesmo quanto à posse do conhecimento.

Na verdade, o processo dialógico pressupõe ambas as partes abrirem mão de suas porções narcísicas e poderem ouvir um ao outro, mutuamente, o que têm a dizer, respeitando-se e esforçando-se por se entenderem. Se isto se dá, a palavra do outro adquire um efeito de identificação e de transferência mútua, que deve haver, minimamente, entre professor e aluno.

Quando se fala, em Psicanálise, do saber constituído, não há vencedor nem vencido, porque se preserva o respeito pela intersubjetividade. Se é verdade que o ser humano precisa de paradigmas para construir o seu conhecimento, também é verdade que toda representação do real por ele construída passa necessariamente por uma (re)significação desse real, sempre mediatizada por esse sujeito do conhecimento, em todas as suas dimensões, quais sejam, como sujeito cognoscente, como sujeito apaixonado, como sujeito de relação e contextualizado (Almeida e Silva, 1992).

Não existe essa fragmentação do homem imposta por alguns paradigmas científicos. Parece que a horda humana se desenvolve sob o signo da desordem. O novo ser seria então

> [...] um ser de uma afetividade intensa e instável, que sorri, ri, chora, um ser ansioso e angustiado, um ser gozador, ébrio, estático, violento, furioso, amante, um ser invadido pelo imaginário, um ser que conhece a morte mas que não pode acreditar nela, um ser que segrega o mito e a magia, um ser possuído pelos espíritos e pelos deuses, um ser que se alimenta de ilusões e de quimeras, um ser subjetivo, cujas relações com o mundo objetivo são sempre incertas, um ser sujeito ao erro e à vagabundagem, um ser úbrico que produz desordem. [...] *Sendo assim, é necessário pensar que o desfral-*

> *damento do imaginário, que as derivações mitológicas e mágicas, que as confusões da subjetividade, que a multiplicação dos erros e a proliferação da desordem, longe de terem constituído desvantagens para o* Homo sapiens, *estão, muito pelo contrário, ligadas aos seus prodigiosos desenvolvimentos* [...] (Morin, 1991, p. 108-9; grifos do original).

Se assumimos esta posição de Morin, estamos assistindo, não à crise de paradigmas, mas ao despontar de um novo e intrigante paradigma...

Referências bibliográficas

ALMEIDA E SILVA, M. C. Eléments fondateurs pour l'élaboration d'une science: la Psychopédagogie. *Actes du Colloque Scholaire*. Lyon: Lumière-Lyon II, 1992.

GRACIANO, M. *O conceito de identificação na teoria da aprendizagem social*. Dissertação (Mestrado) — Pontifícia Universidade Católica, Rio de Janeiro, 1971.

LACAN, J. *O seminário*. Rio de Janeiro: Zahar, 1988, livro II.

MAMEDE NEVES, M. A. C. *O conceito de sublimação na teoria psicanalítica*. Rio de Janeiro: Ed. Rio, 1977.

MARCONDES, D. A crise do paradigma e surgimento da Modernidade. In: BRANDÃO (Org.). *A Crise dos paradigmas e a educação*. São Paulo: Cortez, 1994. (nesta coletânea.)

MORIN, E. *O paradigma perdido*: a natureza humana. Sintra: Publicações Europa-América, 1991.

PICHON-RIVIÈRE, E. *El Proceso grupal*: del psicoanalisis a la psicología social. Buenos Aires: Nueva Visión, 1978. v. 1.

Paradigmas em crise e a Educação

*Pedro Benjamim Garcia**

Sempre dá para fazer uma pirueta
com a esperança.

Félix Guattari

Em que medida a chamada "crise de paradigmas" afeta a Educação?

Define a Educação o conhecimento ligado à formação do homem, tendo em vista um modelo, um paradigma. No momento em que este modelo é posto em questão, a Educação fica desorientada. Orfandade é o sentimento que em geral se experimenta. Uma orfandade ideológica. O horizonte que existia já não existe.

Estamos longe da afirmação de Sartre de que o "marxismo é a filosofia insuperável do nosso tempo".

* Poeta e educador, professor e pesquisador da PUC-RJ. Membro da equipe da Nova, ONG que trabalha na área da Educação Popular.

Os acontecimentos se precipitaram e as nossas categorias se tornaram pobres para entendê-los. Queda do muro de Berlim, fracasso do socialismo real, fundamentalismo iraniano, Aids, neonazismo, intolerância étnica... Implosão dos grandes sistemas, dos modelos, dos blocos. Fragmentação a que se deu o nome de pós-moderno. Nome vago, que anuncia que algo foi ultrapassado, que estamos em outro momento, embora não saibamos exatamente qual e o que isto significa. A impressão geral é pessimista. Mas não será este apenas um dos lados da moeda?

Eduardo Prado Coelho, pensador português contemporâneo, questiona o significado do "vazio de ideias", que usualmente se liga à "crise de paradigmas".

> Vazio de ideias? Alguns supõem que sim. E tendem a traçar um quadro mais ou menos desolador dos tempos que vivemos. Estaríamos sem teto e entre ruínas — para utilizarmos uma expressão que a literatura consagrou. Segundo a perspectiva considerada mais "progressista", a paisagem depois do comunismo seria a de um deserto que cresce. No limite de todos os desmantelamentos, aguarda-se, em atitude de súplica, a improbabilidade do milagre. Outros, mais conservadores, mais vinculados a uma aristocracia do espírito, veem com verdadeiro horror os nivelamentos e banalizações de uma cultura massificada e de uma escola "em incessante degradação. Outros ainda, perturbados com a invasão de uma tecnociência que supõem acéfala, entreveem no horizonte os sinais aterradores do niilismo e da barbárie. No entanto, através do próprio desastre, nessa perda dos astros reguladores, que todo o desastre é, alguma coisa se move que, se nos incitarmos a seguir o fio tênue desse movimento, nos poderá conceder um pouco de alegria e deslumbra-

> mento — o enigmático sorriso de um virar de século. Poder-se-á suspeitar que, quando se fala em "vazio de ideias", o que se lamenta é fundamentalmente isto: não existem hoje ideias que salvem, nem ideias que fundamentem. Por outras palavras: nenhuma ideia nos assegura a salvação, nenhuma ideia é portadora de uma verdade que salve, nenhuma ideia nos dispensa de sermos nós próprios e criarmos o nosso modelo e itinerário de salvação. E ainda: nenhuma ideia é suficientemente forte para fundamentar uma prática, para funcionar como ciência rigorosa da *práxis*. Sem astros que nos guiem, sem uma ciência da navegação que seja preciso apenas *aplicar*, avançamos agora num mar de surpresas e incertezas (1991, p. 4).

Isto me faz perguntar: será que as certezas que tínhamos, que se revelaram falsas, são melhores do que a incerteza com a qual navegamos atualmente? Perda ou liberação? Creio que ambas. Perda porque muita esperança se depositou no que se perdeu. Liberação porque, livres das amarras de um projeto predeterminado por pressupostos rígidos, respaldado em uma legitimidade científica, estamos abertos a novas aventuras.

Se "nenhuma ideia é portadora de uma verdade que nos salve", talvez seja o momento, conforme sugere Eduardo Prado Coelho, de criarmos "o nosso modelo e itinerário de salvação". Ou seja, terá chegado o momento de nos assumirmos, sem pai nem mãe ideológicos, com todos os riscos que isto implica. E talvez seja este o nosso temor, o nosso desalento.

Para romper este desalento, temos que manter a chama da aventura acesa. Temos que exorcizar a profecia de Nietzsche, que diz: "Ai de nós. Aproxima-se o tempo em que o homem não mais arremessará a flecha do seu anseio para além do homem e em que a corda do seu arco terá desaprendido a vibrar!" (s/d., p. 33-4).

Aprender, reaprender constantemente, lançar a flecha para que o arco não desaprenda de vibrar. Aprender, reaprender, nesta constante formação do homem, educação!

É importante também, e agora recorro a Morin, a quem cito de memória, não esquecer que o "objetivo do conhecimento não é descobrir o segredo do mundo numa palavra mestra. É dialogar com o mistério do mundo". Não perder a ludicidade, o prazer e a alegria de penetrar no desconhecido em busca de respostas parciais, sempre parciais, parte deste fogo que mantém o elã de viver. E isto ligado a uma busca de soluções para os problemas que nos atropelam e ameaçam nossa própria sobrevivência. Sobrevivência que, para ser válida, tem que ser digna. Vale dizer, tem que ser compartilhada em um mundo mais igualitário.

Para que isto ocorra, é necessário sabermos aonde queremos ir. Que caminho escolher. Parece que não sabemos que estamos no mesmo impasse de Alice (no País das Maravilhas), quando encontrou o gato de Cheshire:

> — Podia me dizer, por favor, qual é o caminho pra sair daqui?
>
> — Isso depende muito do lugar para onde você quer ir — disse o Gato.
>
> — Não me importa muito onde... — disse Alice.
>
> — Nesse caso não importa por onde você vá — disse o Gato.
>
> — ...contanto que eu chegue a algum lugar — acrescentou Alice como explicação.

— É claro que isso acontecerá — disse o Gato — desde que você ande durante algum tempo.

Isto não significa que, contrariamente a Alice, tenhamos que saber o caminho, mesmo porque não existe *o* caminho, mas caminhos, uma pluralidade deles e... desconhecidos. Contudo, é necessário escolher algum. E escolher é sempre um risco. Nada nos assegura o resultado do caminho escolhido que, só parcialmente, e muito parcialmente, depende de nós.

Além disso, esta opção não é abstrata, é necessário construí-la, o que exige um investimento pessoal, uma opção de vida. Nesta construção, nos encontraremos com outros construtores — já que são múltiplos os projetos e os investimentos pessoais — que nos poderão ajudar e nós a eles. Isto exigirá criatividade de todos nós. O plural nem sempre é fácil de ser vivido, principalmente no caldo autoritário em que estamos imersos.

Aí entra a política, a negociação, o campo do possível, que raramente é o perfil do nosso projeto integral.

Claro que as coisas não são simples. A pergunta acerca da possibilidade de sermos sujeitos da História não é de fácil resposta. Concretamente, para abordarmos um aspecto deste problema, existe, nas palavras de Castoriadis, "a potência constantemente crescente da tecnologia e o impoder manifesto das coletividades humanas contemporâneas" (1992, p. 77).

É possível reverter esta correlação de forças?

Este, me parece, é o esforço a ser feito. E a Educação tem um papel a desempenhar. Ela tanto pode ser serva do modelo que aí está, realimentando-o acriticamente, como pode ser uma reflexão crítica a este modelo, buscando alternativas em cima de uma prática social concreta. Esta prática deveria buscar a emergência de valores de solidariedade, liberdade e igualdade.

A proposição cínica do "faça o que eu digo, não o que eu faço", está destituída de possibilidade de êxito. O que eu digo tem que estar pautado no que eu faço e nas consequências deste fazer, com seus caminhos e descaminhos. É daí que resulta o aprendizado e a possibilidade de mudança para o novo.

A Educação, que se dá em múltiplos e diversos locais, tem que ser disseminada no campo social, a fim de que as experiências possam ser trocadas em um processo criativo de mútua realimentação.

Trata-se de "remar contra a maré", vale dizer, contra o modelo de sociedade que temos, com a sua ética excludente, competitiva e predatória. Porém, mais do que buscar se opor, perspectiva em que o outro dá as cartas, e nós estamos sempre correndo atrás, trata-se de CONSTRUIR através de processos educativos, e *neles mesmos*, formas solidárias, igualitárias e plurais de convivência entre os homens. Ter esta postura é se opor, mas se opor na ofensiva de quem deseja CONSTRUIR.

Por pretender a construção do homem, não de qualquer homem, mas de um homem fraterno, solidário, tolerante e aberto à alegria de novas experiências, a Educação não pode ser pensada senão interagindo com o universo de conhecimento que a cerca e do qual ela faz parte, tal como a experiência que estamos vivendo neste encontro.

A ousadia do fazer é que abre o campo do possível. E é o fazer — com seus erros e acertos — que nos possibilita a construção de algo consistente. Ousar fazer, se jogar no que se faz, me parece uma boa receita para a perplexidade de Alice em seu diálogo com o gato. Perplexidade que, em grande parte, é também nossa. Mas não partimos do zero. Temos toda uma história que nos possibilita vislumbrar pistas de caminhos. Sabemos que o exercício da solidariedade, da igualdade e da fraternidade passa, antes de mais nada, por cada um de nós mesmos, no nosso cotidiano — e isto é uma boa direção a seguir. Neste caso, não dependemos de ninguém.

Além disso, é importante lembrar — sem minimizar a questão que estamos debatendo — que a "crise de paradigmas" é uma questão limitada a um pequeno círculo intelectual. Provavelmente, 95% da população nem sabe o que significa *paradigma* e faz do seu dia a dia uma luta cotidiana pela sobrevivência. Sem nenhum populismo, há muito a aprender neste contato. E aprender se juntando, somando forças, buscando juntos soluções coletivas. Sem elas, não há saída. Se estamos todos no mesmo barco e o barco-Terra é o mesmo, são ilusórias soluções de *apartheid*. Cercar praças, fechar ruas, gradear viadutos. Celas que nos defendem, nos aprisionam. Se queremos ser livres, temos que perder a ilusão de que conseguiremos a liberdade nos afastando dos supostos e reais agressores. Como disse uma aborígene australiana a um técnico, de outro país, supostamente bem-sucedido: "Se você veio para me ajudar, pode tomar o seu caminho de volta. Mas se crê na minha luta como parte de sua sobrevivência, então talvez possamos trabalhar juntos".

Gostaria de terminar com o final de um texto de Castoriadis intitulado: "Via sem saída?", com o qual creio que a Educação tem muito a ver:

> Os perigos enormes, o próprio absurdo contido no desenvolvimento feito em todas as direções e sem nenhuma verdadeira "orientação" da tecnociência, não podem ser descartados por "regras" decretadas de uma vez por todas, nem por uma "companhia de sábios" que só poderia tornar-se instrumento, senão mesmo sujeito, de uma tirania. O que é exigido é mais do que uma "reforma do entendimento humano", é uma reforma do ser humano enquanto ser social-histórico, uma ética da mortalidade, uma autoultrapassagem da Razão.
>
> Não temos necessidade de alguns "sábios". Temos necessidade de que o maior número adquira e exerça a sabedoria — o que, por sua vez, exige uma transformação radical da sociedade como sociedade política, instaurando não somente a participação formal, mas também a paixão de todos pelas questões comuns. Ora, seres humanos sábios é a última coisa que a cultura atual produz.
>
> — Então, o que você quer? Mudar a humanidade?
>
> — Não, alguma coisa mais modesta: que a humanidade se transforme, como ela mesma já fez duas ou três vezes (1992, p. 107).

Referências bibliográficas

CARROLL, L. *Alice no país das maravilhas*. Trad. Sebastião Uchoa Leite. Rio de Janeiro/São Paulo: Fontana/Summus, 1977.

CASTORIADIS, C. *O mundo fragmentado*: as encruzilhadas do Labirinto. Rio de Janeiro: Paz e Terra, s/d.

COELHO, Eduardo Prado. *Jornal do Brasil*. Caderno Ideias, p. 4, 3 mar. 1991.

NIETZSCHE, F. W. *Assim falou Zaratustra*. São Paulo: Círculo do Livro, s/d.

A História da Educação face à "crise dos paradigmas"

*Ana Waleska Pollo Campos Mendonça**

Ao nos propormos a refletir sobre o impacto da "crise dos paradigmas" na área específica da História da Educação, a questão que, de imediato, nos vem à mente é se essa "crise" ter-se-ia, de fato, feito sentir no campo da Educação em geral.

Duas razões, a nosso ver, justificam tal questionamento. Por um lado, o isolamento do campo, fruto de uma óptica estreita e corporativa que busca, de forma infrutífera, delimitar fronteiras e resguardar esse campo da indesejável *invasão* de outros campos. Por outro lado, a inconsistência teórica decorre, em grande parte, desse mesmo isolamento, pois a Educação se constitui, dada a própria natureza do seu objeto de estudo, em um espaço necessariamente interdisciplinar.

---

* Professora do Departamento de Educação, PUC-RJ.

No caso específico da História da Educação, uma crítica comumente feita aos trabalhos que vêm sendo desenvolvidos na área é de que estes não têm, de maneira geral, refletido os avanços que vêm se dando no campo da pesquisa histórica, nos últimos anos, a partir, principalmente, do influxo das ideias da chamada *École des Annales*, que apontam para dimensões do que se poderia chamar uma "crise de paradigmas" no campo da História.

Com efeito, apenas muito recentemente a aproximação da História da Educação a algumas das vertentes da chamada "Nova História" vem propiciando o início de um diálogo fecundo — e, parece-nos, fundamental — para o avanço de ambos os campos, da História e da Educação, particularmente para o segundo.

Que dimensões são essas que interessariam ao historiador da Educação e de que forma essa crise vem sendo apropriada, particularmente em nosso país, pela área específica da História da Educação? Este é o eixo em torno do qual procuraremos desenvolver a nossa reflexão que tem ainda um caráter bastante preliminar e despretensioso.

A "Nova História" e a História da Educação

Cremos que a chamada "Nova História" tem algumas características importantes a destacar, visando a essa reflexão.

Em primeiro lugar, uma das características do *novo tipo* de História que se vem construindo é a ampliação do seu campo de estudos, até então restrito ao âmbito do sociopolítico. Propõe-se, na verdade, uma ampliação do próprio *objeto de estudo* da História; esta passa, aliás, a ter uma multiplicidade de objetos, alguns dos quais totalmente *novos* (porque, até então, impensados como tal).

Uma segunda característica é a desmitificação do *fato histórico*, que passa a ser percebido como algo que é construído pelo historiador ao longo do próprio processo da sua pesquisa. Com isso, dá-se a passagem de uma História meramente factual e descritiva para uma História fundamentalmente interpretativa e o critério de verdade se desloca do fato para a interpretação.

Essa nova concepção do que seja fazer a História coloca o historiador no seio de uma dupla tensão: entre a particularização e a totalização, entre a subjetividade e a objetividade. Neste âmbito, aliás, redimensiona-se a questão do papel da teoria na pesquisa histórica e da própria relação passado/presente.

Tem-se, cada vez mais firme, a compreensão de que o conhecimento histórico se produz no seio desta tensão entre passado e presente, sujeito e objeto, texto e contexto (ou contextos?), documento e monumento, fato e interpretação.

Como essas questões se refletem no âmbito específico da História da Educação no Brasil?

Concordamos com Nagle (1984) em que passamos — neste caso de forma talvez *rapidamente demais* — de uma História puramente descritiva, calcada na análise da legislação do ensino, para uma História interpretativa, que se utiliza do referencial marxista, particularmente do gramsciano, muitas vezes de forma mecânica e reducionista. Com isso, gerou-se uma série de problemas.

Por um lado, como afirmava Nagle em 1984 — o que nos parece válido ainda hoje — não se dispõe de um esquema analítico que permita integrar os aspectos mais gerais e abrangentes da realidade educacional à dimensão especificamente pedagógica.

Por outro lado, o esforço comumente empreendido de "contextualização" do educativo resulta, muitas vezes, em uma mera justaposição de dados, já que o contexto não é lido a partir da própria realidade educacional.

Há uma explicação excessivamente "fácil" dos fenômenos, com a utilização de categorias mais classificatórias do que analíticas (Brandão, 1992).

Estas escondem, na verdade, tanto a desconsideração pelo elemento documental (há ainda muito pouca pesquisa documental, na área), quanto a sua efetiva manipulação (não há um *mergulho* nos dados). Nesse último caso, trata-se de uma abordagem descontextualizada (apesar do esforço de "contextualização") que se reflete, por exemplo, na tendência — que Buffa (1990) intitula de "precursorite" — a estabelecer analogias fortuitas e superficiais entre passado e presente, negligenciando o contexto histórico em que se produziram determinadas ideias ou processos.

Para nós, aplica-se à grande parte da produção recente na área da História da Educação a crítica que Darnton (1986) dirige, de uma forma geral, aos historiadores da cultura. Pergunta-se este autor: "Quantos de nossos livros não começam esboçando o *background* social do assunto e terminam inserindo a cultura?" E afirma, mais à frente (p. 331):

> Estruturamos nosso trabalho de um modo que implica que os sistemas culturais derivam das ordens sociais. Talvez seja

> verdade, mas como? A pergunta deve ser confrontada, mas raramente é reconhecida. E deixando de considerá-la, podemos cair numa forma ingênua de funcionalismo.

Como caminhar em direção a uma superação dessa problemática?

A nosso ver, a maioria dos trabalhos recentes na área da História da Educação, em especial aqueles que se utilizam do referencial marxista — de forma marcadamente mecanicista — reflete uma concepção cartesiana de método, que é o que torna as análises desenvolvidas bastante simplificadoras e reducionistas.

É preciso entender o método não como uma norma apriorística ou um procedimento universal, mas como um instrumento de trabalho, um "resultante dialético" do próprio trabalhar (Barreto, 1986). Esta concepção "dialético-objetiva" de método nos permitiria melhor equacionar não só a relação com a teoria, como também o próprio papel da hipótese de trabalho, evitando incorrer no "apriorismo", um erro frequente que faz com que se considere, antecipadamente, a hipótese como certa.

Tomando as palavras de Barreto:

> Tema e problema, objeto e objetivo são polos móveis, porosos e correlacionáveis no ato concreto da investigação historiográfica. A latitude do campo documental e a altitude do problema monumental fazem-se mutuamente, nascem do/no encontro, reformulam-se no próprio operar da investigação.
>
> O fazer concreto do trabalho historiográfico vai pois, construir o seu objeto e sujeito. O historiar cria a História e o historiador o núcleo documental e a hipótese monumental (idem, p. 279).

Nesse sentido, importa considerar que, se o campo documental tem fronteiras oscilantes que se alteram durante o processo de investigação, também o campo problemático pode, no decorrer da pesquisa, sofrer mudanças mais ou menos radicais no "pôr dos problemas". "Documento e monumento fazem-se mutuamente" (Barreto, 1986), ao longo do próprio processo de investigação.

A esse respeito, gostaríamos de referir aqui nossa recente experiência com a pesquisa histórica (Mendonça, 1992).

Três atitudes básicas orientaram nossa pesquisa documental.

A primeira foi a atitude dialogal que sempre tentamos manter com o nosso corpo documental, tendo como referência principal a proposta de Brandão (1992) de se considerar a "teoria como hipótese" e, por conseguinte, em permanente diálogo/confronto com o elemento documental.

A segunda se explicitou no esforço de *mergulhar* na documentação, deixando que desse *mergulho* emergissem as categorias analíticas que viriam a orientar nosso estudo.

A terceira e última atitude se constituiu na tentativa de entender o contexto *a partir* do próprio campo da Educação, que estava sendo o objeto do nosso estudo. É dessa perspectiva que nos esforçamos por respeitar a autonomia da dimensão cultural, buscando identificar e analisar as formas concretas através das quais os contextos social, político, econômico etc. se faziam presentes, no *interior* dessa dimensão específica.

Procuramos, com essa perspectiva, fazer nossas as palavras de Barreto (1986, p. 304), com as quais concluímos esta reflexão:

> O econômico, político, social etc. que interessam ao historiador da Cultura não são o econômico, político, social na sua autonomia e especificidade próprias, que apenas interessam ao historiador desses campos, mas sim os planos e lugares em que essas zonas dialogam diretamente com o cultural.

Já que:

> [...] cada campo tem um certo grau de autonomia com as suas regras próprias e tem, ao mesmo tempo, um certo grau de dependência frente aos outros campos. Dependências múltiplas que formam a condicionação mas que não são jamais determinação, porque nenhum campo é base do outro. A arquitetura determinante é interna ao próprio campo.

Referências bibliográficas

BARRETO, Luís F. *Caminhos do saber no Renascimento português*. Lisboa: Imprensa Nacional, 1986.

BRANDÃO, Zaia. *A* intelligentzia *educacional*: um recurso com Paschoal Lemme por entre as memórias e histórias da Escola Nova no Brasil. Tese (Doutorado) — Departamento de Educação da Pontifícia Universidade Católica, Rio de Janeiro, 1992.

BUFFA, Ester. Contribuições das ciências humanas para a educação e a história. *Em Aberto*, Brasília, ano IX, n. 47, p. 13-9, jul./set. 1990.

DARNTON, Robert. *O grande massacre dos gatos*. Rio de Janeiro: Graal, 1986.

MENDONÇA, Ana Waleska Pollo Campos. *Universidade e formação de professores*: uma perspectiva integradora. A "Universidade de Educação" de Anísio Teixeira. Tese (Doutorado) — Departamento de Educação da Pontifícia Universidade Católica, Rio de Janeiro, 1993.

NAGLE, Jorge. História da educação brasileira: problemas atuais. *Em Aberto*, Brasília, ano III, n. 23, p. 27-9, set./out. 1984.

Navegando contra a corrente?

O educador, o antropólogo e o relativismo

*Tania Dauster**

À Vera Candau, pelos horizontes abertos.

A ideia deste trabalho é mapear os possíveis efeitos de um "olhar" antropológico sobre fenômenos de interesse do educador, sem perder de vista os problemas epistemológicos, emergentes não só da discriminação disciplinar como também dos impasses produzidos na junção de tradições disciplinares distintas (Soares, 1991).

Assim sendo, a que venho? Traçarei algumas linhas de comparação entre categorias expressivas do discurso da Educação e da Antropologia, com o objetivo de indagar sobre as possíveis relações entre estes dois campos discipli-

* Antropóloga e professora/pesquisadora do Departamento de Educação, PUC-RJ.

nares. Refletirei, ainda, sobre as formas pelas quais estas categorias expressam práticas e concepções nestes campos, admitindo, de antemão, a precariedade da tarefa, mas esperando abrir discussões e apontar alguns caminhos.

Os fazeres e seu significado

Moacir Gadotti (1987), em sua síntese sobre as correntes e a tendência da Educação brasileira, refere-se a outras elaborações anteriores e demonstra que ainda é cedo para estabelecer um quadro preciso sobre o assunto. Assume a inevitável relação entre o enfoque teórico e os resultados de qualquer trabalho de investigação que, por sua vez, representam um determinado ponto de vista.

Da vasta discussão que aí se apresenta, recolherei uma categoria central aos argumentos de Paulo Freire (1974), produzindo assim um recorte na panorâmica e no debate em curso.

Esse autor classifica, desde as suas primeiras obras, a Pedagogia capitalista como "bancária". Tal categoria implica um feixe de relações que configuram uma determinada concepção de educação burguesa. Esta se opõe à concepção "problematizadora", igualmente proposta por Freire.

Valendo-me, ainda, da exposição de Gadotti, fica claro que a ideia de um sistema "bancário" de educação consiste em relações de oposição binária entre educador e educando. Nestas, o papel que o educando preenche é sistematicamente o espaço inverso a esta correlação, ou seja: o educador sabe, os educandos não sabem; o educador pensa, o educando é pensado; o educador tem a palavra, o educando tem a escuta; o educador opta, prescreve, programa, disserta, em suma, é sujeito da ação, enquanto o educando é subordinado, submetido e objeto, em relação ao ato educacional.

Hoje, evidentemente, faríamos todos uma leitura mais problematizadora e complexa da visão e da prática "bancárias" das relações pedagógicas. Leríamos, no seu interior, tensões e ambivalências e desconstruiríamos as opiniões esquemáticas, afeitos que estamos a estranhar os estereótipos e as dicotomias simples, que não mais respondem às especulações teórico-concretas.

Contudo, a meu ver, amealhadas as ressalvas acima, a concepção "bancária", tal qual desenhada por Freire, tem o valor de preencher a função de padrão cultural e modelo que, na concepção de Geertz (1978), são regras socialmente construídas. Ao mesmo tempo, organizam o comportamento social e representam ordenações aí existentes, muito embora não sejam determinações imutáveis, fixas, ou irrestritas.

É nesta linha que — arriscando generalizar — tomo a concepção "bancária" como uma categoria que é parte do sistema de disposições, hábitos de pensamento, sistemas de valores e classificações de um segmento significativo de profissionais do magistério.

Tal modelo, embora não necessariamente consciente, não é menos subjacente ou atuante na dimensão da prática e do cotidiano pedagógicos.

Tratando-se de um quadro de referências e disposições mais ou menos permanentes e valendo-me de Bourdieu

(1983) e de seu conceito de *habitus*, supondo que, sendo dominante, a concepção "bancária" de educação implica um capital de técnicas e crenças que perpassam as relações sociais concretas no campo pedagógico. Elas geram estratégias e ações que ultrapassam o indivíduo, e que, portanto, significam construções coletivas.

É bom insistir, então, que tais representações talvez tenham um caráter muito mais abrangente, disseminando-se num contexto social mais amplo. Ademais, articulam-se à óptica da "privação cultural" que, recorrentemente, compõe a visão que os setores dominantes fazem dos segmentos populares, signos da falta, da carência — em contraste com a imagem plena que os referidos setores produzem sobre si mesmos.

Não há nisso nenhuma acusação e sim uma tentativa de argumentação. Trata-se de estabelecer como hipótese de base que a prática do magistério é, em parte, orientada por uma cultura ou um sistema de atitudes, comportamentos e valores que, nas suas linhas mestras, se constitui em um "modo de fazer bancário" no contexto de uma sociedade capitalista, complexa e heterogênea, que enlaça diferentes códigos culturais, tradições étnicas e religiosas.

Uma vez levantadas estas hipóteses, indico apenas uma outra categoria interna à produção contemporânea da Teoria da Educação que, segundo Gadotti (1987), traz a marca da criticidade e tem, nos cursos de graduação e pós-graduação, uma de suas referências institucionais.

Tomando algumas liberdades (com as dificuldades reconhecidas de estranhar o familiar e romper com os estereótipos), sugeriria que o universo de educadores aí congregados tenderia a se orientar — grosso modo — pelos parâmetros do pensamento intitulado "progressista", apesar de suas diferentes tendências. Estas se definem também por outras categorias correlatas, tais como "transformação", "compromisso social", "conscientização", "totalidade", "crítica social". Combinadas no imaginário dos educadores, estas categorias criam condições propiciadoras da militância e do engajamento político, sendo suas as funções de crítica à sociedade e de luta pela igualdade social.

Imagino que seja neste universo específico que a chamada crise dos paradigmas nas Ciências Sociais produza, de forma mais direta, seu efeito.

O observador atento percebe que a pesquisa e a reflexão educacionais expressam a inquietação reinante entre seus profissionais. Novos objetos e teorias vêm sendo apropriados por estes especialistas, tendo em vista a interpretação dos fenômenos educacionais. O educador — na trama de sua formação, saber e hábitos disciplinares — busca outros objetos, incorpora novos territórios, apropria-se de diferentes tratamentos para construir sua investigação, tal qual o historiador, que recentemente renovou suas questões (Chartier, 1990).

Relativismo — uma profissão de fé?

O significante "crise" habita o discurso, tanto do senso comum, como dos códigos teórico, político e social implica uma constatação de rupturas com padrões postos, dúvidas, incertezas, transições, embaraços, tensões, conflitos. Indica um momento perigoso ou decisivo. Certamente, é um momento dramático.

Passo agora ao drama, ao texto ou à "ficção" que configura a composição dialogada entre os fazeres do educador e do antropólogo.

Inicio por perguntas. Trata-se de transformar o educador, professor ou pesquisador em um antropólogo? Que usos o educador pode vir a fazer das teorias antropológicas e das categorias que orientam estas práticas? Como as crises internas ao campo da Antropologia podem afetar as leituras produzidas pelas apropriações que o educador opera, *vis-à-vis* o campo antropológico? Quais as tensões que se gestam, uma vez que as profissões do educador e do antropólogo expressam tão diferentes crenças, valores, estratégias de pensamento, disposições, atitudes e símbolos? Que dizer dos heróis, mitos e representações, sentimentos e ideias que configuram os imaginários distintos e particulares destas duas tribos, que se diferenciam nos seus gestos, interesses e aspirações? Trago à cena, então, Chartier, historiador que sugere algumas das proposições acima.

Nos horizontes desta inspiração, tendo a desconfiar e a desconstruir delimitações rígidas, que desenhariam as práticas destes profissionais segundo definições incontornáveis e fronteiras intransponíveis.

Mas não quero perder de vista a tensão entre as particularidades relativas aos fazeres destes dois campos. Evidentemente, não se trata de o educador ocupar o lugar do antropólogo, mas sim de mergulhar no sistema de referências próprio a este especialista, inspirar-se em sua "arte", dialogar com seus ancestrais, utilizar seus conceitos e formas de problematização e, ao final, inventar uma outra literatura.

Já foi afirmado que uma disciplina deve ser entendida pela sua prática e, portanto, a Antropologia deveria "ser compreendida através de sua prática — a etnografia, que, é o que seus praticantes fazem" (Geertz, 1978, p. 15).

Um dos termos que dão identidade à gramática do etnógrafo e evocam uma série de outras questões tradicionalmente caras ao campo antropológico é o relativismo. Este ocupa hoje posição ambivalente. De um lado, como nos diz Otávio Velho (1991), transpõe os muros da disciplina e habita territórios mais amplos. De outro, vários especialistas da área, tais como Soares (1991) e Zaluar (1991), produzem uma leitura crítica que tem no relativismo o seu foco principal. Para Velho (idem), o discurso do relativismo corre o risco de tornar-se uma "ação de retaguarda", de efeitos ilusórios, um "arrombador de portas abertas".

Não se trata, então, de fazer uma profissão de fé relativista, até porque os eixos epistemológicos já não parecem tão sólidos do lado de cá da Antropologia, sendo inclusive questionados não só o direito, mas as possibilidades da escrita etnográfica (Geertz, 1990). Tal reconhecimento implica situar-nos todos dentro da crise.

Mas qual, então, o papel da Antropologia no contexto da Educação?

O mergulho na linguagem antropológica e a situação de contato com as questões do campo ampliarão as dimensões educativas e tornarão mais complexa a visão do próprio fenômeno educativo. Neste sentido, abre-se um espaço para o relativismo, como modo peculiar de problematizar e como parte integrante da tradição, grafia e regras antropológicas.

Em consequência do "olhar" relativizador, o professor, burilando seus sentimentos, perceberá, por exemplo, o aluno não mais pela "óptica da privação cultural", buscando entendê-lo na positividade de seu universo cultural e não restrito a indicadores de sua privação, face à lógica social do seu próprio grupo.

Os efeitos epistemológicos deste olhar conduzem ainda a uma visão contextualizada do fenômeno educativo, a uma valorização da diversidade e da heterogeneidade culturais e a questionamentos sobre posturas etnocêntricas que contrariam a pedagogia "bancária".

No âmbito da pesquisa, o investigador enfrentará, como parte da tradição deste sistema de referências, o desafio de construir um conhecimento fruto da relativização. Este é um conhecimento do "outro" nos seus próprios termos, a partir do seu ponto de vista, das suas categorias de pensamento, bem como de sua lógica e, portanto, de seus sistemas de representação e classificação. O pesquisador adotará, como projeto teórico, a explicação do fenômeno educativo, elegendo o significante "cultura" como noção emblemática, em que pese sua generalidade e diversidade de conotações. Este termo já foi interpretado como modo de vida, de pensar, sentir e agir, teias de significado; valores, crenças e costumes; práticas e produções sociais humanas; sistemas simbólicos, entre inúmeras versões.

Tal projeto teórico tem outras implicações. A autoria de um texto etnográfico (Geertz, 1990) supõe interpretar responsavelmente as possibilidades de dar a perceber uma outra realidade e esclarecer as suas estruturações simbólicas.

Em tal enfoque (Geertz, 1978), a etnografia é caracterizada como uma "descrição densa", sendo que a análise antropológica se constitui como atividade mais interpretativa que descritiva. À etnografia importa, ainda, um "situar-nos" necessariamente parcial e aproximativo, sendo o texto antropológico uma interpretação de segunda mão do que imaginamos que o "outro" faça, uma "ficção". É um modo de representação que, sem tentar traduzir o "distante" enquanto acontecimento, inscreve e explica o seu significado. Sua importância reside em captar uma determinada especificidade, trabalhar conceitos no interior de situações concretas, teorizar dentro do caso estudado.

Voltando às colocações do início deste trabalho, diria que a *démarche* antropológica renova a pesquisa educacional, na medida em que inaugura outros parâmetros de problematização.

Essa interpretação fundamenta-se na captação do ponto de vista dos atores investigados através de suas representações ou categorias de pensamento, de seus comportamentos, atitudes, valores e regras sociais. Daí a importância de construir a investigação a partir das relações sociais observadas e do significado emergente. Nesta perspectiva, o trabalho de campo, a observação participante e o uso de entrevistas em profundidade são os instrumentos de elaboração de um conhecimento relativizador, em busca dos sistemas de representação, classificação e organização do universo investigado.

Através do contraste das diferenças sociais, a Antropologia convida ao exercício da crítica cultural, trazendo à nossa visão os significados sociais que grupos diversos manifestam em situações análogas.

A questão da participação do investigador e do contato direto e qualitativo com a realidade social examinada conduz a questionamentos. Até que ponto a vivência intensiva com a comunidade, nos seus desdobramentos lógicos, levaria o etnógrafo a viver conforme o seu código, transformando-se em "nativo"? Quais as consequências epistemológicas, metodológicas e políticas de tal inserção? Que respostas fornecer, tendo em vista a responsabilidade social e política do investigador face aos grupos com os quais se relaciona? Quais as consequências de uma atividade transformadora no processo de pesquisa?

As diferentes concepções e práticas subsumidas na dialética "objetividade relativa *x* participação", inscrita na observação participante, não conduzem a respostas exclusivas e têm conotações distintas, seja para a construção do conhecimento, seja para os pressupostos políticos da investigação.

Cabe lembrar, ainda, que a dialética acima referida expressa relações sociais diversas, encetadas pelo pesquisador e pelos sujeitos envolvidos no processo.

Um ponto, contudo, parece-me fora de dúvida: a importância da apropriação da análise elaborada pelos atores/sujeitos investigados, com vista a usos que lhes pareçam os mais pertinentes.

Evidentemente, não me parece sustentável uma posição distanciada do etnógrafo, que implique uma neutralidade face às questões políticas e sociais enfrentadas pelas populações com as quais entra em contato, levando-o a aproximar-se da atitude do "colonizador".

Sem acreditar viável prescindir de determinadas condições relevantes ao exercício do etnógrafo, possivelmente indispensáveis a uma fecunda e vigorosa investigação, enfatizo a importância da crítica às suas relações no campo e ao seu modo de atuar na situação de contato. Para finalizar, ressalto o valor da prática da divulgação e irradiação do trabalho efetuado — nos moldes da competente pesquisa acadêmica — e do seu retorno aos setores sociais interessados.

Vale insistir que a pesquisa educacional qualitativa, de cunho etnográfico, mostra condicionantes, impasses e problemas análogos àqueles que permeiam a pesquisa antropológica e que incidem sobre o desafio de trabalhar *a relativização na tensão com os princípios e valores universais e com as teorias macrossociais.*

Referências bibliográficas

BOURDIEU, P. Questões de Sociologia. Rio de Janeiro: Marco Zero, 1983.

CHARTIER, R. *A história cultural*: entre tática representações. Memória e sociedade. São Paulo: Difel, 1990.

FREIRE, P. *Pedagogia do oprimido*. Rio de Janeiro: Paz e Terra, 1974.

GADOTTI, M. *Pensamento pedagógico brasileiro*. São Paulo: Ática, 1987.

GEERTZ, C. *A interpretação das culturas*. Rio de Janeiro: Zahar, 1978.

______. Estar lá, escrever aqui. *Diálogo*. Rio de Janeiro: Lidador, 1990.

SOARES, L. E. *Faça a coisa certa*: o rigor da indisciplina. In: BOMENY, H.; BIRMAN, P. (Orgs.). *As assim chamadas Ciências Sociais*:

formação do cientista social no Brasil. Rio de Janeiro: UERJ/ Relume-Dumará, 1991.

______. Luz baixa sob neblina. *Dados*, v. 33, n. 1, 1990.

VELHO, O. Relativizando o relativismo. In: BOMENY, H.; BIRMAN, P. (Orgs.). *As assim chamadas Ciências Sociais*: formação do cientista social no Brasil. Rio de Janeiro: UERJ/Relume-Dumará, 1991.

ZALUAR. A. Relativismo cultural na cidade? *Primeira Versão*, Campinas; IFCH/Unicamp, n. 39, 1991.

Posfácio

*Alícia Catalano de Bonamino**
*Zaia Brandão***

Ao prepararmos a edição deste livro, conviemos ser oportuno redigir um Posfácio, com o intuito de divulgar algumas reflexões desencadeadas pelo seminário sobre o tema da crise dos paradigmas, com o qual o Departamento de Educação da Pontifícia Universidade Católica do Rio de Janeiro abriu o ano de 1993. Tais reflexões foram refertilizadas nas atividades cotidianas de ensino, pesquisa e assessoria a sistemas públicos de Educação, assim como no debate sobre o mesmo tema, durante a reunião anual da Anped.

As inquietações sobre a crise dos paradigmas no campo da Educação levaram seus desdobramentos a se torna-

* Mestre em Educação pela PUC-RJ; coordenadora do Curso de Pós-Graduação em Educação, PUC-RJ.

** Doutora em Educação pela PUC-RJ; diretora do Departamento de Educação, PUC-RJ.

rem, em 1993, o tema nuclear desta área. Tais questões explicitaram-se melhor quando tivemos a oportunidade de retomar — em várias situações e sob diferentes ângulos — a reflexão sobre a identidade do campo da Educação enquanto produtor de conhecimentos.

Por ocasião da 6ª Conferência Brasileira de Educação, já havíamos assinalado a discussão epistemológica neste campo (cf. Brandão, 1992b). Passados dois anos, tudo indica que ainda caminhamos defasadamente em relação aos debates que nortearam as rupturas epistemológicas caracterizadas como "crise dos paradigmas".

Nossa fragilidade em relação aos outros campos científicos fica evidente quando, por exemplo, um simples folhear dos periódicos em Ciências Sociais permite identificar, já há algum tempo, que a discussão caminhou da crise *dos* paradigmas para a crise *de* paradigmas. Isto significa ser o questionamento não mais apenas das referências hegemônicas no âmbito teórico — os paradigmas — mas da própria validade da noção de paradigma, enquanto modelo explicativo, no campo do conhecimento (ver, nesta coletânea, Plastino e Garcia).

Uma primeira e crucial questão foi tomando forma, na medida em que percebemos que, mais do que as consequências da crise *dos* paradigmas sobre o campo da Educação, impunha-se refletir sobre a própria identidade deste campo, enquanto produtor de conhecimentos, face à crise *de* paradigmas. Ou seja, cumpria tentar repensar o próprio processo de autonomização da Educação enquanto campo científico, na intenção de identificar as matrizes epistêmicas do pensamento pedagógico que representariam a "tradição" em que se ancoram as estratégias de produção de conhecimentos específicos, que hoje constituem a literatura especializada do campo.

Sem a pretensão de dar conta do desafio, propomo-nos a traçar, de forma preliminar, algumas hipóteses sobre a constituição deste campo, que foram explicitadas no desenvolvimento de projetos de investigação institucional.[1]

A constituição da Educação enquanto campo de produção científica aparentemente se fez através de um processo de agregação de tradições disciplinares que, na maioria dos casos, não tiveram condições de se fertilizar mutuamente no objetivo de interpretar a complexidade do fenômeno educativo. Assim, criaram-se condições para que determinadas disciplinas hegemonizassem a reflexão pedagógica, deixando as marcas da parcialidade de suas abordagens em propostas de intervenção educativa.

Essas características do desenvolvimento do campo em uma direção marcadamente multidisciplinar colocam o problema das condições de constituição da *identidade epistemológica do campo da Educação*, campo este em que práticas de justaposição de saberes foram mais frequentes do que as de integração.

Do ponto de vista histórico poderíamos, ainda que arbitrária e provisoriamente, tomar a década de 1920 — com

1. Estes projetos originaram-se de um esforço de reflexão coletiva sobre o pensamento educacional no Brasil, no âmbito da História e da Filosofia da Educação, desenvolvido no programa de pós-graduação de Educação da PUC-RJ. Dele resultaram, nestes últimos anos, quatro teses, orientadas pelos professores Ilmar Rohllof de Mattos (Brandão, 1992a; Mendonça, 1993; Nunes, 1991) e Leandro Konder (Bonamino, 1989).

a constituição da *intelligentzia* educacional brasileira — como referência inicial para pensar a vocação multidisciplinar que esteve na gênese da autonomização do campo educacional.

Tensionada entre o diletantismo e o profissionalismo, aquela geração teria optado por este último, o que a obrigou a se concentrar no equacionamento de questões práticas, relativas ao âmbito da política educacional e por isto teria se sentido premida pela necessidade de aproveitar as condições existentes para institucionalizar as regras de constituição do espaço público da Educação. Para enfrentar os desafios do projeto de um sistema de ensino de qualidade, o grupo de educadores identificados com o movimento da Escola Nova teria se apoiado em uma divisão de trabalho que o levou a uma crescente especialização (Fernando de Azevedo na Sociologia, Lourenço Filho na Psicologia, Paschoal Lemme na Política, Anísio Teixeira na Filosofia, para citar apenas os mais conhecidos).

Entretanto, dada a formação enciclopedista desta geração de educadores, era comum, das análises de questões educacionais, a referência a várias tradições disciplinares, o que, muitas vezes, resultou em um discurso eclético. É o caso, sobretudo, dos textos urdidos para apresentações públicas, decorrentes da investidura desses educadores em cargos na administração pública, onde as exigências de rigor científico não eram requeridas e, até mesmo, tornariam o discurso inadequado aos destinatários ou aos objetivos pragmáticos característicos do campo político.

Se, àquela época, a consciência da impossibilidade do saber enciclopédico foi exigindo a distribuição dos educadores em campos de conhecimento especializados, o crescimento exponencial destes saberes revela hoje limitações que, diferentemente do momento anterior das especializações, estão a exigir, com frequência cada vez maior, a capacidade de transgressão das fronteiras disciplinares.

Luiz Eduardo Soares, referindo-se às Ciências Sociais, assinala:

> [...] os avanços continuarão a provocar surpresas e a converter em norma a indisciplina. Também por isso é preciso formar profissionais adestrados nos cânones disciplinares: exatamente para que tenham condições de assumir a liberdade de saltar as cercas quando as exigências desafiadoras do conhecimento exigirem. Apenas a competência faculta a verdadeira liberdade, que não se confunde com ecletismo ou inconsistência teórica (Soares, 1991, p. 272).

Soares levanta uma questão que nos afeta de forma ímpar nesta reflexão sobre a identidade epistemológica do campo da Educação; avançar no âmbito das especializações implicaria o exercício permanente de interlocução com os outros campos de saber. Estes possibilitam não só enriquecer a compreensão de problemas inseridos nas interfaces disciplinares, como oferecem as condições de incorporar fraturas. Tais fraturas, embora se dando em outras delimitações disciplinares, por seu caráter epistemológico, extrapolam o campo de referência original para se refletir inexoravelmente em múltiplos âmbitos disciplinares.

É o caso da crise de paradigmas, resultado da ampliação do conhecimento em vários campos disciplinares que foram exigindo o rompimento com as delimitações reducionistas em que se assentaram muitos modelos teóricos.

Essas fraturas, entretanto, mesmo geradas em variados campos disciplinares, colocam por vezes questões tão cruciais para a produção do conhecimento que, se tivessem sido incorporadas ao campo da Educação há mais tempo, poderiam ter evitado muitos equívocos de ordem epistemológica.[2] Esses equívocos apresentam desdobramentos na orientação da pesquisa, na aplicação de conhecimentos — nos âmbitos das políticas educativas, das estratégias didáticas — e na avaliação de problemáticas específicas de aprendizagem etc.

No campo da Educação, a reflexão sobre *a crise dos* e *de paradigmas* coloca-nos, de forma radical, o desafio de repensar e reconstruir criticamente nossa identidade enquanto campo de conhecimento. Durante algum tempo, as inquietações epistemológicas que chegavam à área (quando chegavam...) eram próprias dos campos disciplinares de onde derivaram as chamadas Ciências da Educação. Estas pareciam supor um estatuto científico que se construía no plural, no sentido de um conjunto de ciências que davam à Educação uma identidade própria, não como campo interdisciplinar, mas sim multidisciplinar. Eram

---

2. Referimo-nos, por exemplo, a práticas ainda muito presentes nos projetos de pesquisa em Educação, tais como: tratar a "metodologia" como um âmbito que independa, mesmo que parcialmente, do delineamento teórico da construção do objeto, criar quadros teóricos que "constroem *a priori* o objeto", restringindo a investigação a uma prática em que os achados, previamente definidos, são sempre identificados pelo "trabalho de campo"... Por razões óbvias evitamos referências explícitas, mas remetemos o leitor interessado a uma pesquisa nas dissertações e teses dos programas de pós-graduação. A bem da verdade, cabe assinalar que estamos conscientes de que estes não são problemas restritos ao campo educacional, o que, por sua vez, não nos exime de procurar uma maior consistência teórico-metodológica para a produção do campo educacional.

vistas, essas ciências, não como disciplinas que se tinham ampliado na direção das interfaces (as quais dariam condições para melhor se entender a complexidade do fenômeno educacional), porém muito mais enquanto somatório de ciências que serviam de apoio às questões postas pelo campo da Educação.

Sem a pretensão de explicar o relativo atraso e a precariedade do campo educacional — quando comparado às próprias tradições disciplinares em que se tem apoiado — a reflexão recente sobre a crise *dos* e *de* paradigmas nos sugere a importância de problematizar a ideia de "Ciências da Educação", em cotejo com as diferentes tradições disciplinares que as teriam constituído. Essa reflexão sugere-nos ainda que o campo da Educação teria importado as referências hauridas em outras tradições disciplinares, abandonando o exercício de interlocução permanente com os campos de origem. Na realidade, essa autonomização ter-se-ia dado à custa de uma ruptura com o solo epistemológico, que lhe garantiria o estatuto científico-disciplinar. Se confirmada essa hipótese, poderíamos entender por que, tantas vezes, a Educação tem sido tratada, pelas comunidades acadêmicas nacional e internacional, como um campo científico de segunda ordem.

Poderíamos entender também por que, enquanto os outros campos disciplinares discutiam e, mais ainda, viviam as consequências da crise de paradigmas, a Educação continuava a operar em seu campo com os paradigmas em crise, apercebendo-se só tardiamente das modificações do conceito de verdade e dos limites dos paradigmas em uso entre nós (cf. Brandão, 1992b).

Tensões subjacentes à identidade do campo da Educação

Sugerimos anteriormente que a Educação se constitui, enquanto um campo de conhecimento, a partir de uma pluralidade de campos científicos. Entretanto, nossa hipótese é a de que, instalando-se na condição multidisciplinar, a Educação não teria sido capaz de se recompor nas suas raízes disciplinares, para gradativamente chegar a ser um campo de trânsitos disciplinares (Soares, 1991). Isto significa que não criamos condições de interlocução disciplinar, nem mesmo no interior do campo da Educação, que permitissem o enriquecimento mútuo das distintas abordagens das questões educacionais, no confronto com os desafios presentes na prática social.

O desafio, hoje, estaria na possibilidade de trabalhar na óptica multidisciplinar, superando não só os limites da fragmentação de um campo em diversas subdisciplinas, como encontrando um patamar comum de discussão epistemológica que viesse a garantir a incorporação de toda a riqueza e substância dos desafios que fundam um outro estatuto científico neste final de século, expresso pela "condição pós-moderna" (Lyotard, 1993; Harvey, 1993), de crise da racionalidade científica, expressa na crise de paradigmas.

O chamado pós-modernismo tem-se caracterizado como a expressão crítica do esgotamento do modelo de pensamento que, baseado na racionalidade ocidental — razão iluminista —, gerou interpretações do mundo e modelos de sociedades modernas que se distanciaram completamente dos sonhos de prosperidade, democratização do consumo e felicidade para todos, quer no modelo das democracias liberais, quer no socialismo real.

O ocaso do pensamento iluminista, neste terço final do século XX, vem colocando inúmeros desafios no plano do conhecimento. A crise *dos* paradigmas — entre os quais o Positivismo, a Psicanálise e o Marxismo — hegemônicos por quase um século, representou, como já assinalamos, uma crise *de* paradigmas, no sentido de uma generalizada desconfiança sobre o valor do próprio conhecimento sistematizado.

Tais questões, ao se entrecruzarem com a crise da Educação — que entre nós se explicita na mais grave crise de credibilidade pela qual já passou o sistema de ensino —, colocam inúmeros desafios no momento de se pensar um projeto de recuperação e requalificação da escola e da sociedade.

O principal desses desafios parece ser, agora, o de encaminhar uma proposta de política de Educação que, ao mesmo tempo, minore os problemas da nossa escola e viabilize alternativas às questões postas pela complexidade conjuntural da discussão sobre a escola. E isto, contudo, sem abandonar as exigências de uma Educação comum para atender a uma população crescentemente diferenciada.

Essa tarefa exigiria que se levasse em conta determinadas tensões que atravessam a questão educacional e que se podem consubstanciar em categorias de análise, enraizadas em diferentes âmbitos da articulação de um projeto educativo, a saber: o político-social, o cultural, o epistemológico e o pedagógico, aos quais corresponderiam, respectivamente, as seguintes tensões:

- igualdade de condições/igualdade de oportunidades;
- singular/universal;
- disciplinar/transdisciplinar;
- quantidade/qualidade.

Cabe ressaltar, entretanto, que esta proposta de categorização tem objetivos meramente didáticos e, portanto, não deve ser lida fragmentariamente, pois sua riqueza advém, principalmente, da possibilidade de trabalhar os cruzamentos destes âmbitos tensionais, que caracterizam a densidade da realidade em que se ancora todo o projeto pedagógico social.

A primeira tensão põe em questão as duas grandes referências teóricas da modernidade: o Liberalismo e o Marxismo. Ela expressa a relação liberdade/igualdade como uma tensão típica deste final de século, no que toca à questão da democracia. nas duas modalidades de organização social urdidas na modernidade.

Historicamente, o capitalismo teve a capacidade de contemplar, na organização societária, a dimensão das liberdades individuais sem, no entanto, ter conseguido imprimir-lhes o conteúdo concreto da universalização do acesso aos bens materiais e simbólicos. Esta grave lacuna se expressa nos indicadores atuais de deterioração da vida econômica e social nos países centrais e na marginalização crescente de amplos setores sociais do Terceiro Mundo.

De outro lado, os regimes do chamado socialismo real, transformados em ditaduras burocráticas, materializaram com sucesso a igualdade de condições sociais de acesso aos bens materiais e simbólicos sem, no entanto, equacionar o problema das liberdades individuais e políticas, e também sem conseguir que a sociedade se organizasse em torno dos objetivos de solidariedade, igualdade e liberdade que emolduram, desde sua origem, o projeto socialista.

A incapacidade desses dois modelos societários de equacionar simultaneamente o binômio liberdade/igualdade explica, em parte, a crise profunda em que estas realidades sociais mergulharam neste final de século.

Neste contexto, a reflexão está necessariamente referenciada à relação escola/sociedade, dentro de uma perspectiva político-social. Essa reflexão deve ser capaz de contemplar o desafio permanente de trabalhar no horizonte do projeto inconcluso da construção da democracia. Isto implica a viabilização de um núcleo de saberes formadores que permita ao aluno aceder a um suporte epistêmico universal que tanto comporte a expressão de todas as suas experiências culturais e individuais, quanto incorpore um padrão democrático de práticas e de relações institucionais, indissociável da democratização dos conteúdos escolares.

No âmbito cultural, a tensão singular/universal propõe o desafio de um equilíbrio sempre precário entre a valorização das experiências singulares dos diferentes grupos e classes na sociedade e a necessária preservação, pela escola, das condições de interlocução criativa com os elementos essenciais da cultura universal.

Trata-se, portanto, de garantir a articulação das experiências singulares com a

> [...] cultura enquanto mundo humanamente construído, mundo das instituições e dos signos, no qual, desde a origem,

> se banha todo o indivíduo humano tão somente por ser humano, e que constitui como que a sua segunda matriz (Forquin, 1993, p. 168).

No âmbito epistemológico, a tensão disciplinar/transdisciplinar diz respeito às exigências paradoxais de se dominar a lógica própria de cada disciplina — o que só é possível na medida em que se entende o processo de construção de um campo disciplinar — e, ao mesmo tempo, de se habilitar a uma interlocução que se amplia horizontalmente, na direção de outros campos disciplinares.

É nesta perspectiva que deveriam ser contempladas as condições metodológicas de desconstrução das prenoções. Estas são próprias das experiências singulares e são a base da construção de "conceitos categoriais". Tais conceitos constituiriam uma aquisição que se ancora em um plano epistêmico como uma espécie de *habitus* cognitivo, permitindo o trânsito horizontal e o aprofundamento vertical nos diferentes campos disciplinares.

No âmbito pedagógico, a clássica tensão quantidade/qualidade, que já havia norteado o trânsito escola tradicional/escola nova, revela que, constantemente, a Educação teve que enfrentar o desafio de incorporar extensivamente o conhecimento acumulado pela herança universal, sem perder a densidade do processo de construção do conhecimento em cada indivíduo singular.

É neste âmbito pedagógico que se expressa a exigência de que a reflexão mantenha uma permanente interlocução com a prática e incorpore dimensões que transcendam o nível meramente cognitivo. É nele que se dá o vínculo do epistemológico com o cultural, levando o primeiro para além do âmbito da Ciência. Esta é, assim, articulada às características do fazer pedagógico que incorporam dimensões de outros saberes, enraizados na sensibilidade, na estética, na ética, nas crenças etc.

O pedagógico é, pois, o âmbito que catalisa a potencialidade de equacionar um projeto social que encaminhe concomitantemente a questão da elaboração de outros padrões de racionalidade, e que seja capaz de instaurar padrões alternativos de relações pedagógicas em amplo senso.

Diferentemente de outros campos do conhecimento, porém, o pedagógico não se esgota na sistematização rigorosa do saber produzido. A vocação "educadora" deste saber imprime-lhe um apelo ético irresistível, no sentido de extrapolar os limites epistêmicos das práticas científicas na direção do trabalho coletivo da construção de um projeto social. É neste apelo que se articularia a vocação ética do saber pedagógico.

Essas são apenas questões preliminares que a reflexão sobre a crise dos paradigmas e a Educação, articulada ao nosso trabalho, nos sugeriram, e que deverão ser revisadas e aprofundadas, à medida que o processo de reflexão conjunta permita identificar outras facetas e desafios.

Porém, isso é tema para toda uma outra pauta de reflexão.

Referências bibliográficas

BONAMINO, Alícia Catalano de. *O pensamento pedagógico político de Dermeval Saviani*: até que ponto Gramsci. Dissertação (Mestrado) — Departamento de Educação da Pontifícia Universidade Católica, Rio de Janeiro, 1989.

BRANDÃO, Zaia. *A intelligentzia educacional*: um recurso com Paschoal Lemme por entre as memórias e histórias da Escola Nova no Brasil. Tese (Doutorado) — Departamento de Educação da Pontifícia Universidade Católica, Rio de Janeiro, 1992a.

______. A teoria como hipótese. *Teoria e Educação*, Porto Alegre, Panônica Editora, n. 5, 1992b.

FORQUIN, Jean Claude. *Escola e cultura*: as bases epistemológicas do sistema escolar. Porto Alegre: Artes Médicas, 1993.

GARCIA, Pedro Benjamim. Paradigmas em crise e a educação. In: BRANDÃO (Org.). *A crise dos paradigmas e a educação*. São Paulo: Cortez, 1994. (nesta coletânea.)

HARVEY, David. *Condição pós-moderna*. São Paulo: Loyola, 1993.

LYOTARD, Jean-François. *O pós-moderno*. 4. ed. Rio de Janeiro: José Olympio, 1993.

MENDONÇA, Ana Waleska Pollo Campos. *Universidade e formação de professores*: uma perspectiva integradora. A "Universidade de Educação" de Anísio Teixeira. Tese (Doutorado) — Departamento de Educação da Pontifícia Universidade Católica, Rio de Janeiro, 1993.

NUNES, Zilda Clarice. *Anísio Teixeira*: a poesia da ação. Tese (Doutorado) — Departamento de Educação da Pontifícia Universidade Católica, Rio de Janeiro, 1991.

PLASTINO, Carlos Alberto. A crise dos paradigmas e a do conceito de paradigma. In: BRANDÃO (Org.). *A crise dos paradigmas e a educação*. São Paulo: Cortez, 1994. (nesta coletânea.)

SOARES, Luiz Eduardo. *Faça a coisa certa*: o rigor da indisciplina. In: BOMENY, H.; BIRMAN, P. (Orgs.). *As assim chamadas Ciências Sociais*: formação do cientista social no Brasil. Rio de Janeiro: UERJ/Relume-Dumará, 1991.

Sobre os Autores

ALÍCIA CATALANO DE BONAMINO é doutora em Educação e professora associada da PUC-Rio. Desenvolve pesquisas no campo da Política Educacional, principalmente em avaliação da educação básica, desigualdades educacionais e efeito escola.

ZAIA BRANDÃO é doutora em Educação e professora titular da PUC-Rio. Seu grupo de pesquisas SOCED/PUC-Rio desenvolve há mais de dez anos pesquisa sobre a qualidade da educação. No Programa de Pós-Graduação é responsável pela disciplina de Sociologia da Educação. Tem inúmeras publicações sobre a pesquisa no campo da educação.

PEDRO BENJAMIM GARCIA é poeta e educador. Formado em Filosofia pela UFRJ, é doutor em Antropologia pela UFRJ. Atualmente é professor e coordenador adjunto do Mestrado em Educação da Universidade Católica de Petrópolis e pesquisador do Laboratório de Estudos de Linguagem, Leitura, Escrita e Educação (LEDUC/UFRJ). Pesquisador do CNPq. Assessora trabalhos de Educação Popular em favelas do Rio de Janeiro.

DANILO MARCONDES é doutor em Filosofia pela Universidade de Saint Andrews, Grã-Bretanha, professor do Departamento de Filosofia PUC-Rio; dedica-se a pesquisas em Filosofia da Linguagem. É autor da obra *Filosofia, linguagem e comunicação*, Cortez Editora. 2010.

TANIA DAUSTER, doutora em Antropologia Social pela UFRJ e mestre em Educação pela PUC-RJ. Atualmente é professora emérita da PUC-Rio. Tem experiência na área de Antropologia da Educação nos seguintes temas: antropologia, leitura, escrita, educação e oralidade.

MARIA APPARECIDA MAMEDE-NEVES é livre-docente em Psicologia, mestre em Educação e em Psicologia pela PUC-RJ. É Professora Emérita do Departamento de Educação da PUC-Rio onde é também Coordenadora Pedagógica da Coordenação Central de Educação a Distância (CCEAD). Tem experiência acadêmica nas relações entre a Psicologia e a Educação, sendo suas áreas principais de estudos "a construção do conhecimento" e a "relação homem-mundo digital". É coautora da obra *Educação tecnológica*: desafios e perspectivas, Cortez Editora, 2009.

ANA WALESKA POLLO CAMPOS MENDONÇA, doutora e mestre em Educação pela PUC-Rio. Fez o pós-doutorado em História da Educação na Universidade de Lisboa (2004). Atualmente é professor associado da PUC-Rio. Desenvolve pesquisas na área de História da Educação, com ênfase na História da Profissão Docente, atuando principalmente nos seguintes temas: Anísio Teixeira, universidade, formação e carreira de professores, especialmente do ensino secundário, e pós-graduação.

questões
da nossa
época

ÉTICA E COMPETÊNCIA
Terezinha Azerêdo Rios
filosofia
19ª edição
7 questões da nossa época
CORTEZ EDITORA

PROFESSORES REFLEXIVOS EM UMA ESCOLA REFLEXIVA
Isabel Alarcão
educação
7ª edição
8 questões da nossa época
CORTEZ EDITORA

ESCOLA CIDADÃ
Moacir Gadotti
educação
13ª edição
9 questões da nossa época
CORTEZ EDITORA

EDUCAÇÃO ESTÉTICA PARA JOVENS E ADULTOS
Sonia Carbonell
educação
10 questões da nossa época
CORTEZ EDITORA

A UNIVERSIDADE NO SÉCULO XXI:
para uma reforma democrática e emancipatória da Universidade
Boaventura de Sousa Santos
educação
3ª edição
11 questões da nossa época
CORTEZ EDITORA

Meio Ambiente e Representação Social
Marcos Reigota
meio ambiente
8ª edição
12 questões da nossa época
CORTEZ EDITORA